# O MILHO NA ALIMENTAÇÃO BRASILEIRA

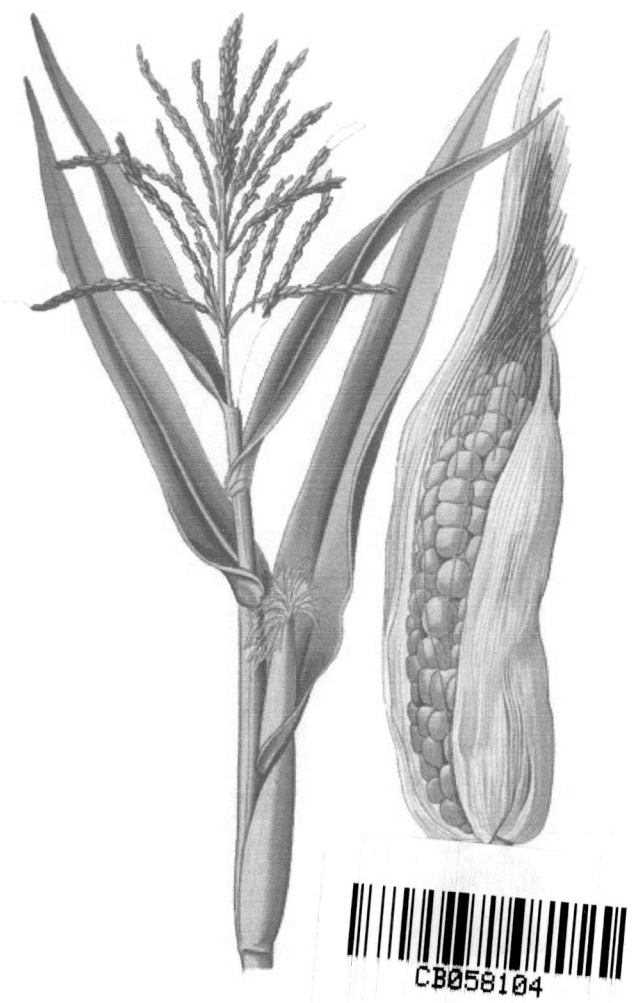

CONSELHO EDITORIAL
Ana Paula Torres Megiani
Eunice Ostrensky
Haroldo Ceravolo Sereza
Joana Monteleone
Maria Luiza Ferreira de Oliveira
Ruy Braga

# O MILHO NA ALIMENTAÇÃO BRASILEIRA

Ana Rita Dantas Suassuna
Carlos Alberto Dória (Org.)
João Luiz Máximo
Rafaela Basso

Copyright © 2021 Carlos Alberto Dória

*Grafia atualizada segundo o Acordo Ortográfico da Língua Portuguesa de 1990, que entrou em vigor no Brasil em 2009.*

Edição: Haroldo Ceravolo Sereza
Editora assistente: Danielly de Jesus Teles
Projeto gráfico, diagramação e capa: Mari Ra Chacon Massler
Assistente acadêmica: Tamara Santos
Revisão: Nelson Barbosa
Imagem da capa: *Zea mays*. Prof. Dr. Otto Wilhelm Thomé. *Flora von Deutschland, Österreich und der Schweiz*. 1885, Gera, Germany (*Wikimedia Commons*).

CIP-BRASIL. CATALOGAÇÃO-NA-FONTE
SINDICATO NACIONAL DOS EDITORES DE LIVROS, RJ

M588

O milho na alimentação brasileira / Ana Rita Dantas Suassuna ... [et al.] ; organização Carlos Alberto Dória. - 1. ed. - São Paulo : Alameda, 2021.
168 p. ; 21 cm.

Inclui índice
ISBN 978-65-86081-83-1

1. Culinária (Milho). 2. Milho - Cultivo - Brasil. 3. Culinária brasileira - História. I. Suassuna, Ana Rita Dantas. II. Dória, Carlos Alberto.

20-67506         CDD: 641.33150981
                 CDU: 612.3:633.15(81)

ALAMEDA CASA EDITORIAL
Rua 13 de Maio, 353 – Bela Vista
CEP 01327-000 – São Paulo, SP
Tel. (11) 3012-2403
www.alamedaeditorial.com.br

# Sumário

Introdução 7
A trajetória atribulada do milho pela civilização ocidental
*Carlos Alberto Dória*

Sobre a arqueologia, a arqueobotânica e a 25
história da mandioca e do milho no Brasil
*Carlos Alberto Dória*

O milho sertão adentro 69
*Rafaela Basso*

Trajetória histórica das técnicas de 93
transformação do milho
*João Luiz Maximo da Silva*

Milho: o rei dos alimentos na cozinha 117
do Semiárido Brasileiro
*Ana Rita Dantas Suassuna*

# Introdução
# A trajetória atribulada do milho pela civilização ocidental

*Carlos Alberto Dória*

O propósito ao editar essa pequena coletânea sobre o milho no Brasil deve-se à necessidade de rever velhas teses sobre a nossa culinária, sem o que o conhecimento moderno a respeito não avança. De fato, a narrativa histórica sobre a culinária brasileira é mais carregada de certezas do que de dúvidas, mas são as dúvidas e os questionamentos que fazem o conhecimento avançar.

Pessoalmente, tenho me dedicado a essa revisão desde que publiquei um pequeno ensaio (*A formação da culinária brasileira*, Publifolha, 2009) e pelos livros seguintes, além de um ensaio alentado, escrito com Viviane Aguiar, a aparecer em 2020 na França, que versa sobre a diretriz de *miscigenação* como um cânone da explicação da culinária brasileira. Os especialistas sabem que essas teorias duraram demais, necessitando revisão à luz dos conhecimentos produzidos e acumulados nas últimas décadas, através da pesquisa histórica, arqueológica, antropológica ou sociológica; e é hora de um público maior também sabê-lo.

Especialmente a arqueologia tem sido desprezada como disciplina a aportar novas hipóteses sobre a alimentação das centenas de povos indígenas que habitavam o território que veio a ser o Brasil, ao passo que se toma essa enorme diversidade como se fosse possível unificá-la num só "índio", tão ao gosto do romantismo entre nós. Mas hoje vivemos um ambiente intelectual que privilegia a diversidade, de modo que o mito do índio romântico já não nos serve. E quando olhamos mais de perto o índio em sua existência culturalmente plural, salta aos olhos as diferenças em suas dietas, incluindo a preeminência do milho em certos povos, e o papel secundário da mandioca dentre eles.

Mas muitas ideias antigas, ultrapassadas, ainda regem nosso entendimento sobre o milho no Brasil. Como registrou uma analista, "o milho era a mandioca dos povos da América espanhola. Se entre nós, como observa Gabriel Soares de Sousa, 'tudo é mandioca', para astecas, maias e incas reinava o milho, principal fonte de subsistência. O vocábulo 'maize', da língua taino, que passou a designar o milho americano em várias línguas, é um testemunho de sua força naquelas culturas".[1] No entanto, essa afirmação refere-se mais a um plano mitológico do que a um real. Uma mitologia que, por estar fundada em fontes históricas, parece incontestável.

Como procurei mostrar no meu *A culinária caipira da Paulistânia* (Três Estrelas, 2018), escrito em parceria com o *chef* Marcelo Correa Bastos, o milho era o alimento por excelência dos povos de etnia guarani e outros que eles influencia-

---

1 Sheila Moura Hue, *Delícias do descobrimento*, Rio de Janeiro, Zahar, 2008, p. 85-86.

ram, constituindo a base da culinária caipira que se formou em vasto território – denominado Paulistânia – onde a mandioca era, complementarmente, apenas um "legume". Nunca é demais registrar que Paulistânia teve extensão territorial maior do que a da Amazônia ou do Nordeste, e é onde se formou um importante contingente de brasileiros, que acabaram por se ligar ao polo mais dinâmico da economia a partir do final do século XIX.

Só no final dos anos 1940 se nota um esforço sistemático para traçar a amplitude geográfica da adoção da cultura do milho entre os povos americanos. O *Handbook of South American Indians*, registrava que o milho era cultivado desde tempos mais remotos, desde o baixo rio St. Lawrence e alto Missouri até a ilha de Chiloé, no Chile, com exceção das terras muito altas da cordilheira dos Andes. Em muitas dessas áreas ele só foi possível graças a um trabalho sistemático de seleção, realizado por vários povos que habitavam essa imensa zona[2] e, embora não estivessem na cordilheira, os guaranis eram produtores e consumidores de milho, como atesta até hoje, de modo inequívoco, a culinária paraguaia.

Apesar dessa forte presença imemorial entre os povos americanos, ao comermos o nosso pão cotidiano somos levados a imaginar que o trigo é o grão de maior produção mundial e soberano em nossa vida alimentar. Mas nos dias que correm, porém, o milho tornou-se um dos cereais mais destacados na alimentação humana, superando anualmente as to-

---

2   Carl O. Sauer, "Cultivated plants of South and Central America", in Julian Steward (edit.), *Handbook of South American Indians*, Washington, Smithsonian Institution Bureau of American Ethnology, 1950, vol. 6, p.489.

neladas do trigo. Cerca de 1.100 milhão de toneladas de grãos de milho foram produzidas em 2018/2019, em todo o mundo. Os Estados Unidos e a China são seus maiores produtores, seguidos pelo Brasil, com cerca de 94 milhões de toneladas. Já a soja atingiu mundialmente 319 milhões de toneladas em 2015. Por outro lado, os brasileiros produziram 22 milhões de toneladas de mandioca, para um total mundial estimado em 276 milhões em 2013. Nesse panorama, entende-se também porque a transgenia do milho e da soja assumem a feição dramática que hoje cercam as discussões sobre o aumento da sua produtividade: a expansão desses dois grãos sustenta o grosso da indústria alimentícia.

Se procurarmos, porém, "receitas com mandioca" na web, encontraremos mais de 650 mil; já para "receitas com milho", a cifra supera 1.300 mil, ou seja, o dobro. No entanto, ainda hoje, no Brasil, há quem diga que a mandioca é o alimento mais importante e mais "nacional", expressando a unidade culinária do país. Sendo assim, por que esse fenômeno de inversão? É então a hora de se corrigir essa distorção de percepção, permitindo-se considerar a alimentação brasileira como veio se formando ao longo dos séculos até chegar ao ponto onde nos encontramos, diante da hegemonia internacional e nacional do milho na culinária, e o livro que o leitor tem em mãos é um esforço de quatro pesquisadores para destacar a importância desse cereal desde o início do país, na era dos descobrimentos.

O amido de milho apresenta muito mais aplicações alimentares do que a mandioca e seu consumo industrial é muito superior. Da simples polenta ao mingau de *Maizena*® e aos *Sucrilhos*®, ele está presente em uma grande gama de farináceos. E se olhamos o que ocorre dentro da casa dos brasileiros, come-se relativamente mais alimentos preparados diretamente com milho do que com mandioca – e talvez por isso o número de receitas disponíveis na web seja maior.

Mas qualquer um pode concluir que *apreciamos* tanto o milho quanto a mandioca. Apesar disso, aprendemos na escola que o milho foi domesticado no México, há cerca de 8 mil anos, e é o alimento básico dos mexicanos e de povos andinos, como peruanos e bolivianos, e ao passado brasileiro reserva-se quase que exclusivamente a mandioca. Somos o "povo da mandioca", não o "povo do milho". Um respeitado *chef* de cozinha da atualidade disse, em um congresso de gastronomia, que "a mandioca é responsável pela unidade da cozinha brasileira do Amazonas ao Rio Grande do Sul". O que o presente livro irá discutir é justamente como se forma essa ideia, visto que havia milho no Brasil, ao tempo do descobrimento, ao passo que a mandioca também era consumida por povos americanos fora do território que hoje é o Brasil. Há, portanto, um arranjo secular, feito de modo a separarmos, mentalmente, os que comem milho dos que comem mandioca, criando-se um relato histórico diferente para cada um.

Ora, a questão a discutir é muito simples: se os índios brasileiros, há milênios, já haviam domesticado a mandioca e o milho, por que a mandioca tornou-se o símbolo alimentar por excelência, sempre referido e celebrado quando se trata da culinária "de raiz" (sem trocadilho), ao passo que o milho é sempre esquecido ou apenas lembrado lateralmente? A hipótese da qual partimos, e que nos fornece o roteiro de pesquisa pelos registros arqueológicos, históricos e antropológicos é que existe, subjacente, uma questão de identidade por trás da separação entre povos "comedores de milho" e povos "comedores de mandioca". Trata-se de um problema longínquo, é certo, mas com ecos ainda no presente. Muitos antropólogos, como Lévi-Strauss, são de opinião de que qualquer traço cultural pode ser utilizado por um povo para construir a sua identidade, isto é, aquela individualidade que o diferencia dos demais. Estamos mais acostumados a considerar a cor da pele ou aspectos físicos, como o cabelo, ou ainda aspectos claramente culturais – como a língua, a religião e os costumes – como sendo legítimos signos de distinção. Mas, entre os costumes, há também preferências e tabus alimentares, de sorte que não é estranho considerarmos que preferimos este ou aquele alimento, em oposição a outros povos. Os *incas* – que comiam milho – se referiam aos *huanca*, uma cultura do centro do Peru, como *alqo-mikhoq*, ou "comedores de cachorro", o que lhes provocava grande aversão.[3] É isso que Lévi-Strauss quer dizer quando escreve que

> uma cultura consiste numa multiplicidade de características que ela tem parcialmente em comum [...] com as culturas vizinhas ou distantes, das quais, sob outros aspectos, está separada de modo mais ou menos acentuado [...]. Para desenvolver certas diferenças [...] as condições são [...] idênticas àquelas que favorecem a diferenciação biológica entre as populações: isolamento relativo durante um período prolongado, limitados intercâmbios de ordem cultural ou genética. Em certo

---

3   John Howland Rowe, "Inca culture at the time of the spanish conquest", in Juian H. Steward (editor), *Handbook of South American Indians*, New York, Cooper Square Publishers, vol. 2, 1963, p. 219.

sentido, as barreiras culturais são da mesma natureza que as barreiras biológicas".[4]

Assim, a cultura da mandioca ou do milho por povos indígenas, mesmo que relacionados entre si, teve o papel de marcador cultural que não se pode desprezar.

Mas se cada povo constrói sua identidade em *oposição* aos demais com os quais se relaciona, é preciso investigar essa relação. Não temos qualquer "questão" em relação aos lapões. Não sabemos muito bem como eles são e nem eles sabem como somos, sem que isso seja um problema para qualquer um dos dois. Por muito tempo, contudo, nos debatemos para não sermos confundidos com os portugueses, depois com os franceses e ingleses, agora com os norte-americanos; e ainda nem imaginamos como isso possa vir a acontecer em relação aos chineses. Essas tensões modernas fazem parte da "ideia de nação" tal e qual a abraçamos, e ela se manifesta em vários planos da cultura.

De fato, a identidade dos povos é mais simbólica do que material, visto que a vida material tende a uma certa uniformidade sob o domínio da produção de *commodities*. Mas houve ocasiões em que se ancorou em diferenças materiais expressivas, como o domínio do ferro e da pólvora diante de povos que tinham como armas apenas bordunas, machados de pedra e arco e flecha. Sob o domínio de tais diferenças, os mais fortes definiam a identidade dos mais fracos; ou melhor, tinham condições de suprimir os valores mais caros dos povos conquistados, obrigando-os a adotar os seus. As "reduções indígenas"

---

4  Claude Lévi-Strauss, *A cor da pele influencia as idéias?*, São Paulo, Escola de Comunicação e Artes/USP (apostila), 1971, p. 19.

a que os jesuítas submeteram os guaranis é um dos exemplos históricos mais pungentes, realizadas sob os ensinamentos cristãos que se opunham às chamadas "religiões animistas"; os jesuítas também intervieram fortemente na dieta dos povos catequizados como, por exemplo, incluindo nela o leite, os queijos etc.

Pois é corrente na antropologia e na sociologia que a alimentação é um terreno privilegiado para a expressão das diferenças entre povos, classes sociais ou mesmo gêneros, fundeando as "identidades" tanto quanto outros traços culturais. Além disso, é possível criar oposições com sentido mais estético do que material. É o caso da conhecida ópera lírico--jocosa de Antonio José da Silva, de alcunha "o Judeu", que criou uma oposição entre a *manjerona* e o *alecrim*, "para que se veja qual destas duas plantas tem mais poderosos influxos para vencer impossíveis".[5] Assim, observando os recortes alimentares da sociedade brasileira, parece-nos que existem também as "*Guerras da mandioca e do milho*", conforme procuraremos explorar neste livro. *Grosso modo*, a oposição na cultura alimentar brasileira entre "comedores de milho" e "comedores de mandioca" desembocou simbolicamente no triunfo dos segundos na medida em que, ao longo dos últimos duzentos anos, o país foi apresentado pela originalidade de sua alimentação fundada na mandioca e seus derivados.

Mas já quando Álvar Nuñes Cabeza de Vaca atravessava o país em direção a Assunção, a partir de Florianópolis, em

---

5   Antonio José da Silva, *Guerras do Alecrim e Manjerona*, Biblioteca Digital, Porto Editora, s/d, p.5. Disponível em http://web.portoeditora.pt/bdigital/pdf/NTSITE99_GueAleMan.pdf. Acesso em 28 de maio de 2012.

1541, vai topando com várias tribos guaranis junto às quais recolhe mantimentos, incluindo sempre farinhas de mandioca, milho e, por vezes, de pinhão.[6] E um pouco mais tarde, já no século XVII, o milho aparece incorporado junto à mandioca para a alimentação dos colonizadores, conforme o famoso Regimento de D. Rodrigo de Castell-Blanco[7] que estipulava, indistintamente, que "toda a pessoa de qualquer qualidade que seja, que for ao certão a descobrimentos será obrigado a levar *milho* e *feijão*, e *mandioca*, para poder fazer plantas e deixa-las plantadas, porque com esta diligência se poderá penetrar os certoens, que sem isso hé impossível" – reconhecendo, portanto, que a vida dependia tanto do milho quanto da mandioca.

Mas a tensão é sutil, e apesar de sermos claramente do "partido da mandioca", os interesses modernos da indústria alimentar nos afastam desse polo. Não faz muito tempo, um deputado propôs que parte do amido da farinha com a qual se faz o "paozinho francês" fosse de mandioca. Não era muito: apenas 20%. Foi uma grita geral dos moinhos de trigo e o projeto não vingou. Ora, o trigo e o milho são hoje *commodities*, produtos da agricultura capitalista; a mandioca continua restrita à pequena agricultura, ou agricultura familiar. No embate de interesses econômicos, a mandioca, que parece mais importante simbolicamente, perde. Esse é mais um aspecto da complexidade do problema. A essa altura, talvez o leitor já esteja desconfiando de que a questão não é tão somente "esté-

---

6   Àlvar Nuñes Cabeza de Vaca, *Naufrágios e comentários*, Porto Alegre, L&PM, 1999, p.162.
7   *The Americas*, vol. 1, n. 2 (Oct., 1944), p. 131-159

tica", como na oposição entre o alecrim e a manjerona... Qual, porém, é o lugar simbólico do milho? Como observou o engenheiro agrônomo Carlos Borges Schimidt, referindo-se ao estado de São Paulo há mais de 50 anos:

> em duas amplas zonas pode ser dividido o Estado: a zona da farinha de mandioca, abrangendo a vertente marítima, e a zona da farinha de milho, que se estende por toda a região da serra acima. Nesta última, duas zonas menores podem ser determinadas. A primeira é a de farinha de milho, propriamente dita, feita mediante a maceração, piloamento e torração do cereal, que abrange a bacia do Paraíba, e quase toda a região acidentada pelos contrafortes da cordilheira marítima – o primeiro planalto, como é por alguns denominada. Em certos pontos desta zona, muitos recusam-se, terminantemente, a comer o fubá. Dizem que aquilo é quirera, e que quirera é comida para cachorro... A outra é a parte restante do planalto, mais influenciada pela imigração, onde o milho é usado, na alimentação, principalmente sob a forma de fubá. O angu caboclo e a polenta italiana.[8]

Essa é uma ideia persistente: o milho, durante muito tempo visto pelos paulistas apenas como alimento de animais ou bugres, era rejeitado. Mas, já expressando a ideia do imigrante conciliador, Schimidt registra que na região próxima à capital paulista, onde há mais de um século havia ocorrido a primeira

---

8  Carlos Borges Schimidt, "Áreas de alimentação. Fronteiras entre a área do milho e a área da mandioca", *Revista de Antropologia*, vol. 4, n. 2, dezembro de 1956, p. 151.

colonização oficial com imigrantes alemães, o pessoal da roça "tanto consome a farinha de mandioca como a de milho", coexistindo "engenhos de farinha" tanto de mandioca como de milho nos quais

a força hidráulica aciona os dois mecanismos: o pilão para socar o milho fermentado e a roda de ralar as raízes da mandioca. Seria este local um dos pontos da zona de contato entre as duas áreas culturais da alimentação básica: a da farinha de mandioca, com sua retaguarda no litoral, e que até ali tivesse vindo ter, depois de vencer a Serra do Mar, como que invadindo o planalto; e a da farinha de milho, característica das terras altas, de clima mais ameno, que se estendem pelo interior adentro, e que naquele local estancou, sem encorajar-se a descer para a beira-mar.[9]

Já podemos então concluir que há uma questão subjacente: o milho e a mandioca servem, de fato, como marcadores culturais que *contrapõem territórios, do ponto de vista da alimentação, dentro do próprio país*. Como, por exemplo, a oposição entre salsinha e coentro. E vê-se que quem não aprecia o milho o diminui, dizendo que é "comida para cachorro". Bem que isso poderia ser apenas uma mania dos paulistas; mas não é. O Pe. João Daniel, autor de uma obra extraordinária sobre a Amazônia do século XVIII – que analisaremos com mais vagar adiante –, refere-se ao desprezo dos índios da região em relação ao milho, ao passo que se entregavam de corpo e alma ao cultivo da mandioca. Assim, se em regiões tão distantes –

---

9   Carlos Borges Schimidt, op. cit., p. 151.

como São Paulo e o alto rio Amazonas – essa oposição se manifesta por igual, podemos supor que ela é mais profunda em nossa cultura do que aquela oposição jocosa entre o alecrim e a manjerona. E o nosso propósito aqui é explorar essa trilha para ver o que ela nos revela sobre a alimentação dos brasileiros ao longo do tempo, especialmente no que respeita a essas duas fontes primordiais de amido do Brasil moderno, identificando o legado que deixou para o presente.

Por isso a estratégia é enfrentar a noção caricata de que o alimento básico dos brasileiros foi, ao longo de tempos imemoriais, que começam milênios atrás, quase que exclusivamente a mandioca. Mas caricaturas existem em relação à alimentação de inúmeros povos. Temos a convicção, por exemplo, de que os chineses se alimentam basicamente de arroz, ou, no máximo, que há uma China do arroz e outra do trigo, divididas pelo rio Huai, quando a realidade é bem mais complexa.[10] E bem mais complexa é também a realidade brasileira.

O milho é vulgarmente visto como o suporte alimentar das grandes civilizações americanas, conquistadas e submetidas pelos espanhóis. Maias, astecas e incas criaram seus impérios baseados na irrigação, gerando excedentes de milho que permitiram o florescer civilizacional e as guerras de conquista. Sem o milho, nos diz a literatura, esses impérios não existiriam; ao contrário, o mundo indígena alimentado pela mandioca, como a totalidade dos povos da floresta localizados no Brasil, não criou nenhum esplendor civilizacional comparável.

---

10 Françoise Sabban, "Manger et cuisiner en Chine", Disponivel em http://www.clio.fr/BIBLIOTHEQUE/manger_et_cuisiner_en_chine.asp. Consultado em 30/10/2020.

Muitos autores, levando longe essa diferença alimentar, deduziram dela exatamente que a floresta Amazônica teria sido habitada por povos caçadores e coletores, em estágio evolutivo inferior aos maias ou astecas. Assim, o milho e a mandioca serviram, ao longo do tempo, como marcadores construídos de forma erudita e eficaz para diferenciar a América de fala espanhola da América. Essa constatação não seria tão relevante se estivesse confinada ao modo de pensar à época das conquistas coloniais e primeiros séculos que se seguiram. Ao contrário, porém, esteve presente, no século XIX, entre os intelectuais responsáveis pela construção do nosso contorno de Nação – empreendimento capital tanto nos países europeus quanto nos países ex-colonias, como o Brasil, conforme se verá em meu texto que integra esta coletânea. Ora, a ideia de Nação é justamente uma coleção de "marcadores culturais" e somente frente a eles identificamos nossos contornos externos e internos. É compreensível, portanto, que algo visto como "só nosso", como a mandioca, adquirisse maior valor cultural em face daquilo que parecia "só de outros", como o milho.

Para nós, esses são os bons problemas intelectuais: aqueles que, à primeira vista, parecem improváveis. Por isso este livro: os autores tomaram a liberdade de imaginar um problema na história da alimentação capaz de merecer a atenção de quantos se dedicam a conhecer a cozinha brasileira moderna, explorando o esforço histórico para que ela viesse a existir hoje. Se antes a oposição milho/mandioca era silenciosa, pretendemos mostrá-la à luz do dia, inclusive recuperando o tanto de "brasileiro" desse alimento tão virtuoso e útil, como é o milho. Antes de mais nada é preciso compreender que um alimento determinado não chega à preeminência que o milho conquistou sem ter se tornado um *valor alimentar* apreciado de modo amplo; sem ter se enraizado na vida cotidiana dos povos; sem ter propiciado, por suas qualidades nutricionais e gustativas, por sua plasticidade, a criação de milhares de receitas culinárias que, geração após geração, são repetidas continuadamente. O triunfo do milho é o triunfo de um verdadeiro sistema alimentar que se desenvolveu nos últimos 500 anos, em consequência da conquista das Américas pelos europeus. Num certo sentido, foram eles os "colonizados" pela comida da América. No entanto, no processo histórico para se tornar um valor alimentar mundial, ele teve que, antes, conquistar palmo a palmo a Terra: a Ásia, a África e a própria Europa. Sem o milho, aliás, não se entende a dinâmica do próprio colonialismo.

E se o milho não despertou entre nós, brasileiros, esse mesmo "orgulho nacional" que nos enche a boca quando comemos uma farofa de mandioca foi por um tratamento historiográfico distinto. Assim, só mesmo considerando a história social do milho – como de qualquer outro alimento – entenderemos o sistema de valores em que, hoje, ele está imerso. A "redenção" do milho dependeu da sua transformação em *commodity* mundial, da sua crescente capacidade de imposição como solução alimentar de enormes contingentes humanos, tornando, portanto, ociosa qualquer outra forma de valoração. O que nos interessa aqui é parte do capítulo brasileiro dessa história; ou seja, como construímos um lugar para o milho em diálogo com outros grãos e amidos, como a mandioca, o arroz, o trigo, para citar os principais. Seja como for, a história do milho é, por cinco séculos, de expansão, de conquista de posições ocupadas por outros grãos, raramente encontrando barreiras intransponíveis além daquelas representadas pelo clima.

Não se sabe ao certo se foi na primeira ou na segunda viagem de Colombo que o milho pôde chegar à Europa. O fato é que o *Zea mays*, dentre todas as plantas americanas domesticadas pelos nativos e que adquiriram importância mundial a partir do contato, já teve suas qualidades reconhecidas logo no século XVI por sua plasticidade, como "semente que em terra fria, quente, seca, úmida, em montanhas, em planícies, de inverno ou de verão, de cultivo em rego ou temporária, se colhe, cultiva e beneficia".[11] Reconhecia-se também o seu elevado rendimento, medido à época pela capacidade de produzir até 800 sementes a partir de uma só e em um ciclo curto de ocupação da terra, ao passo que o trigo, por exemplo, se atribuía a colheita de 9,7 unidades do produto por semente plantada. Essa alta produtividade do milho deve-se, em boa parte, à concentração das sementes na espiga, ao passo que, para outros cereais cada grão está coberto individualmente por uma capa protetora, de forma que a espiga é a forma natural mais compacta e eficiente para armazenar alimentos.

Essa característica, contudo, é já fruto de um acúmulo milenar de conhecimentos, pois o desenvolvimento da espiga é ele mesmo expressão da domesticação que tornou a espécie, tal e qual a conhecemos hoje, totalmente dependente das sociedades humanas, pois sem a intervenção do homem, com as sementes encapsulada na cobertura de palha da espiga, a espécie não consegue se reproduzir. Homens e milho dependem um do outro para se reproduzir e preservar como espécies.[12]

---

11 Juan de Cárdenas (1591), citado por Arturo Warman, *La historia de un bastardo: maíz y capitalismo*, Mexico, Fondo de Cultura Económica, 1988, p. 24.
12 Arturo Warman, op. cit., p. 40.

Essa metamorfose ligada à domesticação talvez tenha se originado no centro-sul do México, a partir de ancestral silvestre do milho. Vestígios aí encontrados, datados de 5 mil anos do presente, têm dividido os cientistas quanto à natureza selvagem ou domesticada da planta localizada, visto que hoje não existe milho em estado selvagem para efeitos comparativos. A partir dessa data, porém, multiplicam-se as evidências de restos de milho cultivado e a aceleração do ritmo de transformações a que foi submetido, até o aparecimento da irrigação ligada ao seu cultivo, especialmente a partir de 2.300 anos Antes do Presente (AP).

De um modo geral, não restam dúvidas de que, como observa Arturo Warman, o milho é "um produto original e independente da natureza e civilização americanas", o que pela

> autonomia que propicia (...) também o converte em instrumento de colonização, de ocupação de novas terras, de abertura das fronteiras humanas (...) quando existe uma distância entre os colonizadores e os centros onde se concentram os serviços complexos. O milho é o alimento colonizador por excelência na América e em outras partes do mundo. Mas sobretudo, o milho é em boa parte do mundo o sustento permanente de sociedades e classes camponesas, de uma maneira de organizar a produção e a vida que também suporta a exploração, o despojo, mas não implica nele nem o exige.[13]

Assim, se queremos compreender sua importância civilizacional como um todo, não há como distinguir entre sua

---

13  Arturo Warman, op. cit., p. 33 e 41.

fase "arqueológica" e "histórica", sendo forçoso reconhecer um *continuum* que é o longo processo de sua imposição como solução de vida a inúmeros povos, presentes e passados, que habitam ou habitaram o globo.

*

O presente livro está dividido em quatro ensaios, todos de pessoas que têm se ocupado em alguma medida de compreender a presença do milho em nossa culinária histórica e atual. No primeiro ensaio, depois de traçarmos rapidamente a história natural do milho e da mandioca, nos concentramos em caracterizar a percepção de ambos nos tempos coloniais. Pintores, cronistas e viajantes nos falam do Brasil até o século XIX e servem de fontes informacionais, bem como de "território" de formação dos preconceitos com os quais lidaremos daí em diante. Se não fossem esses, os historiadores do romantismo, como Francisco Adolfo de Varnhgem, não teriam material para trabalhar a ideia de "Brasil da mandioca" que abraçou. Por quê e como isso ocorreu é o que veremos.

No segundo ensaio, o leitor poderá realizar uma expedição ao Brasil indígena, caipira e sertanejo em formação, graças à adoção do milho pelos paulistas que desbravaram o território. Desse terreno, arranca também a culinária sertaneja, caipira ou cabocla, que tem por base a pequena propriedade de homens livres e pobres, a partir dos tempos da conquista das terras interiores pelos bandeirantes, percorrida pelos tropeiros ou, ainda, que se constituiu nos sítios estabelecidos a partir da decadência da mineração e a expansão pecuária. Rafaela Basso tem se dedicado com afinco ao estudo da ocupação bandeirante apoiada no milho e, complementarmente, oferece uma perspectiva crítica para revisitarmos os escritos de Sergio Buarque de Holanda sobre a "civilização do milho".

No terceiro ensaio, a diretriz são as técnicas de transformação do milho para uso culinário – técnicas de manipulação e produção de várias matérias-primas derivadas das quais se originaram receitas. João Luiz Máximo é atento, nesse processo, à conquista tecnológica que representou a adoção do monjolo, resultando no aumento da produtividade que impulsionou o colono sertão adentro.

Por fim, no quarto ensaio, registra-se a presença ampla do milho no território nacional, deslocando-se o foco do país dos paulistas "pioneiros" para o sertão nordestino, onde ele serviu de base de uma culinária rica e saborosa, bem distante do ponto de difusão original. Num certo aspecto, esse seu deslocamento é o testemunho vivo de seu triunfo civilizacional entre nós. Ana Rita Suassuna, com seu conhecimento enciclopédico sobre a culinária do sertão, nos brinda ainda com exemplos de receitas apreciáveis até hoje.

Esse panorama eclético que os ensaios traçam tem justamente o propósito de levantar questões relativas ao milho, que disparam em várias direções, tornando-o um produto "bom para pensar" no âmbito da história da nossa culinária. Teremos, assim, cumprido o modesto papel a que esta coletânea quer servir.

# Sobre a arqueologia, a arqueobotânica e a história da mandioca e do milho no Brasil

*Carlos Alberto Dória*[1]

Os estudos sobre os caracteres botânicos e a plasticidade da espécie *Zea mays* despertaram o interesse de Charles Darwin, que deles tratou em seu livro de 1868, *Variation of animals and plants under domestication*. Nele, Darwin registra testemunhos da antiguidade do cultivo do milho, como o fato de ter sido encontrado em túmulos de antigas dinastias incas, no Peru, ou em sítios arqueológicos à beira mar, também no Peru, junto com conchas do mar, a 85 metros de profundidade. E foi a partir desses cultivos, disse ele, que inúmeras variedades americanas surgiram, embora a forma primitiva ainda não tivesse sido encontrada em estado selvagem. A variedade a que

---

1 Carlos Alberto Dória é formado em Ciências Sociais pela USP com doutorado e pós doutorado em Sociologia na Unicamp. Escreve e publica sobre alimentação há mais de uma década, sendo os seus últimos livros sobre a formação da culinária brasileira e a culinária caipira. Acaba de surgir na Bahia livro seu com Jeferson Bacelar, sobre Manuel Quirino e sua obra *A arte culinária na Bahia*.

Darwin se referia abarcava o tamanho; a cor, incluindo branco, amarelo-pálido, laranja, vermelho, violeta, com listras pretas e, algumas vezes, sementes de duas cores; número de fileiras de sementes; tamanho, quantidade e forma das sementes; folhagem, forma da espiga e sua cobertura, e assim por diante.

Ora, estava certo Darwin, isso só poderia ser mesmo obra do homem; mais especificamente, da seleção artificial.[2] Sendo assim, era necessário investigar e descobrir o centro de difusão do milho, a partir do qual ele foi adquirindo diferenças notáveis, produzidas e preservadas pelas culturas humanas que as valorizavam. Até meados do século passado, porém, em que pesem os estudos genéticos terem avançado, esse "centro de difusão" não foi encontrado.

No entanto, nos últimos 20 anos, e graças aos avanços da disciplina chamada "Arqueobotânica" – além do uso de informações moleculares apuradas por técnicas avançadas, associadas às pesquisas paleoecológicas –, mudou completamente o entendimento do tempo, a origem geográfica e diversidade dos sistemas antigos de produção de alimentos. A mudança mais importante foi pôr por terra a ideia comum de que antes do estabelecimento de vilas sedentárias, há cerca de 5 mil anos do presente, as populações humanas das Américas eram, principalmente, compostas por povos caçadores-coletores, para os quais o cultivo de plantas tinha um papel secundário na dieta. As novas evidências mostram, contudo, a emergência difusa da agricultura durante o Holoceno médio, há 11,5 mil anos do pre-

---

2 Charles Darwin, *Variation of animals and plants under domestication* (1868), capítulo IX. Disponível em: https://ia700204.us.archive. org/17/items/variationofanima03332gut/chap9.html, consulta em 17 de setembro de 2018.

sente, com o surgimento de formas inconstantes de agricultura capazes de suprir muitas calorias da dieta, bem antes do aparecimento de economias agrícolas baseadas no surgimento de vilas. Evidências atuais mostram que os homens das Américas, entre 10 mil e 7 mil anos AP, domesticaram e manipulavam espécies como milho, abóboras, cabaças, araruta, mandioca, inhame e amendoim. A marca disso tudo é um padrão espacial heterogêneo, caracterizado pela ausência de um único centro de domesticação ou origem agrícola. Assim, o milho aparece em vários sítios mexicanos há 9 mil anos; na costa do Caribe, no Panamá, na Guatemala, no Equador, na Amazônia e na Colômbia, em torno de 7,8-7,2 mil anos AP.[3]

Essa nova maneira de investigar o passado inclui, também, a associação entre a arqueologia e a linguística comparada, dando contornos à chamada "hipótese da dispersão". Segundo essa hipótese, a dispersão da população humana dependeu da produção e transporte de colheitas domésticas e animais produzidas em circunstâncias não restritas a territórios específicos, e a dispersão respondeu, ainda, pela diversificação biológica e linguística, especialmente no Neolítico.[4] O importante dessa hipótese para nós é que podemos constatar uma coincidência entre o surgimento da família linguística tupi-guarani e a origem provável de domesticação da mandioca e de uso do milho, antes de se dispersarem pelo território hoje

---

3 José Iriarte, "Narrowing the Gap Exploring the Diversity of Early Food-Production Economies in the Americas", *Current Anthropology*, vol. 50, n.5, October 2009, p. 677-680.

4 Peter Bellwood, "The Dispersals of Established Food-Producing Populations", *Current Anthropology*, Volume 50, Number 5, October 2009, 621-626.

abarcado pelo Brasil. Ora, a arqueologia dos povos da floresta foi, durante muito tempo, prejudicada pela ideia de que eles estavam situados no nível mais baixo da evolução humana. Influenciada por noções europeias do século XIX que hierarquizavam os povos por seus "níveis civilizatórios", caçadores e coletores – povos pré-agrícolas – estariam estacionados no início do processo que levou os homens à civilização a partir justamente do surgimento da agricultura, no Neolítico.

Nesse período, e a partir de cinco polos difusores, nos 11 mil anos antes do presente o mundo teria sido ocupado pelos povos agricultores, suplantando em tudo os povos que ainda não apresentavam uma vida sedentária baseada na domesticação de cereais. Essa concepção de evolução, baseada na "Revolução Neolítica", tornou-se bastante popular após os anos 1920 e a teoria correspondente, elaborada pelo antropólogo Gordon Childe. Nos "vazios agrícolas" estavam, por sua vez, povos cujos modos de vida extremamente "primitivos" mereceram apenas a consideração de "marginais", conforme propôs para a América do Sul, em meados do século passado, o antropólogo Julian Steward, em sua monumental obra *Handbook of South American Indians*, escrita em cooperação com o Departamento de Estado norte-americano e contando com a colaboração de mais de 100 cientistas – dentre os mais importantes antropólogos de todos os tempos – e editada em seis extensos volumes.

O primeiro volume é dedicado justamente às "tribos marginais", ou seja, a maior parte dos povos que ocuparam da Amazônia à Patagônia, excetuando a franja da cordilheira dos Andes, onde floresceram as civilizações do milho. Segundo o próprio Steward, a absorção final das tribos das florestas tropicais e áreas marginais à civilização europeia nunca foi estudada até recentemente, quando o interesse antropológico cessou à medida em que (sic) os costumes tribais se perderam. Mas na área andina, uma civilização nativa poderosa, integrada com elementos e padrões espanhóis, sobreviveu com milhões de índios, gerando praticas de aculturação importantes, assim como relevância científica".[5]

Contudo, o esquema evolutivo unilinear de Steward, que privilegia a agricultura e os grandes impérios do regadio, há muito tempo produzia desconforto entre cientistas devotados ao estudo dos povos das florestas. Felizmente, esse quadro começou a mudar. Destacam-se a publicação de uma coletânea de ensaios, intitulada *Documenting Domestication*[6] e o número especial da revista *Current Anthropology*[7] com o propósito geral de repensar as origens da agricultura. A partir dessas duas publicações, viu-se a consolidação de estudos anteriores e recebeu novo impulso e destaque o conhecimento da "agricultura antes da agricultura", isto é, fora da linha evolutiva que teria culminado na "Revolução Neolítica", valorizando o que chamamos "manejos florestais" praticados por povos ancestrais, gerando informações antes não consideradas, como aquelas derivadas das análises de DNA de plantas e animais domesticados.

---

5 Julien Steward, "Introduction" in *Handbook of South American Indians*, vol. 1, New York, Cooper Square Publishers, 1963, p. 3.
6 Melinda A. Zeder, Daniel G. Bradley, Eve Emshwiller, Bruce D. Smith (org.), *Documenting Domestication. New genetic and archaeological paradigms*, Berkeley, Univ. of California Press, 2006.
7 *Current Anthropology*, vol. 50, n. 5, 2009.

A partir dessa nova base científica, a literatura pôs em questão ideias aceitas de que há 5 milênios existiam nas Américas povos primariamente voltados para a caça e pesca, para os quais algumas espécies vegetais domesticadas nada mais significavam do que uma suplementação da dieta. Nas últimas duas décadas, os dados etnobotânicos, reunidos para a América Central e América do Sul, evidenciaram uma história diferente: entre 10 mil e 7 mil anos antes do presente, foram manipuladas espécies que desempenharam papel significativo na dieta dos povos antigos: o milho, as abóboras, a araruta, a mandioca, o inhame, o amendoim e o tambo (*Calathea allouia*).[8] De fato, essa nova literatura põe em destaque um novo método de pesquisa, integrando evidências e informações sobre práticas humanas do passado que permitem formular hipóteses sobre estágios de domesticação de algumas plantas e espécies locais, revelando formas de exploração fixadas por diferentes caminhos de incorporação das espécies às sociedades de então.[9] Assim, um panorama novo vai surgindo para a "agricultura antes da agricultura", permitindo uma análise mais acurada sobre a coevolução das espécies utilizadas pelos homens na solução das questões alimentares. Já não faz sentido falar em povos "coletores e caçadores" como um estágio anterior aos povos "agricultores" mais desenvolvidos. E hoje sabemos que a vasta região da Amazônia foi mais densamen-

---

8   José Iriarte, "Exploring the Diversity of Early Food-Production Economies in the Americas", *Current Anthropology*, vol. 50, n. 5, October 2009, p. 677-680.

9   Tim Denham, "A practice-centered method for charting the emergence and transformation of agriculture", *Current Anthropology*, vol. 50, n. 5, October 2009.

te habitada do que se pensava, coisa evidenciada pela ampla ocorrência de solos transformados pela ação antrópica – as chamadas "terras pretas de índios" – sobre as quais verifica-se o trato de várias espécies vegetais, como a pupunha, a castanha-do-pará e a mandioca etc.[10] Concentrando-nos no que interessa aqui, os estudos sobre a mandioca mostram grânulos de amido de mandioca, de inhame e de araruta em artefatos líticos em mais de 15 sítios encontrados no Panamá, datados de 5 mil a 7 mil anos do presente. Do mesmo modo, esses vestígios aparecem juntos com vestígios de milho no médio Orinoco. Tratava-se, contudo, de mandioca "brava", o que exigia um tratamento complexo para adequá-la ao consumo humano, de sorte que a transição para o consumo do milho pode ser vista como uma precondição para a maior mobilidade daquelas populações, independentes da mandioca.[11] Já os estudos concentrados apenas sobre o milho mostram a antiguidade do cultivo e consumo, que remonta, em algumas áreas, há 8 mil anos A.P.[12] Temos, dessa forma, a certeza de que em geral diferentes culturas alimentares apareceram juntas no passado,

---

10 James A. Fraser & Charles Roland Clementi, "Dark Earths and manioc cultivation in Central Amazonia: a window on pre-Columbian agricultural systems?", *Bol. Mus. Para. Emílio Goeldi*. Ciências Humanas, Belém, v. 3, n. 2, p. 175-194, maio-ago. 2008.

11 Linda Perry, "Reassessing the traditional interpretation of 'manioc' artifacts in the Orinoco Valley of Venezuela", *Latin American Antiquity*, vol. 16, n.4, Dec. 2005, p.409-426.

12 C. H. Brown, "Glottochronology and chronology of Maize in the Americas", in Jonh E. Staller, Robert H. Tykot, & Bruce F. Benz (org.), *Histories of Maize. Multidisciplinary approaches to the Prehistory, Linguistics, biogeography, domestication and evolution of Maize*, London, Elsevier, 2006, p. 655-656.

e que as pessoas compunham dietas muito mais complexas e ricas do que aquelas uniformes que o senso comum atribuiria à domesticação da mandioca *ou* do milho. O nome da mandioca deriva de variedades cultivadas na costa brasileira, conforme registros do século XVI, e Lineu a denomina *Jatropha manihot*, em 1753. Outros nomes botânicos mais recentes incluem *Manihot utilissima*, *Manihot palmata*, *Manihot aipi* e *Manihot dulcis*. Até 1970, *Manihot utilissima* denominava tanto a mandioca "mansa" quanto a "brava" ou "amarga". Mas pesquisas recentes de paleobotânica mostram que ela constituía-se numa grande "tribo", que incluía 98 espécies perenes, distribuídas do sudoeste dos Estados Unidos da América até a Argentina, muitas ocupando terrenos áridos ou sazonalmente desérticos. Além disso, as formas de reprodução da mandioca foram, desde milênios, de dois tipos: vegetativa (enterrando-se parte do caule) e por propagação de sementes, o que determinava diferentes formas de reprodução do genótipo e diferentes tempos de maturação. A propagação vegetativa, sabe-se, promove mais a uniformidade do que a variação genética, mas acredita-se que os vários povos que cultivaram a mandioca tenham utilizado ambas as formas – embora a vegetativa tenha sido predominante – de modo a diversificar e conservar variedades criadas.[13]

Em relação às classificações que usualmente utilizamos para definir a "comestibilidade" da planta, as mandiocas "mansas" e "bravas" se diferenciam pela presença de maior ou me-

---

13 Christian Isendahl, "The domestication and early spreed of manioc (*Manihot esculenta Crantz*): a brief syntesis", *Latin American Antiquity* vol.22, n.4, 2011, p.452-468.

nor quantidade de glucídeos cianogênicos na planta que, hidrolizados, produzem o venenoso ácido hidrociânico. Durante muito tempo se acreditou, por várias hipóteses – qualidade, produtividade, vantagens de estocagem, resistência a predadores etc. – que as variedades mais tóxicas eram as preferidas para cultivo. Chegou-se mesmo a cogitar que, após dominar as técnicas de eliminação do veneno, grupos humanos passaram a desenvolver e cultivar a mandioca venenosa como estratagema para afastar os roedores de seus cultivos. No entanto, hipóteses mais recentes e talvez mais plausíveis assumem que

> a mandioca mansa ocorre amplamente nas terras baixas do trópico e em geral cresce como um suplemento à mandioca brava, onde esta domina. De modo geral (...) onde as variedades com maior nível de ácido hidrociânico são cultivadas, elas são dominantes; onde o milho é cultivado de forma dominante, a mandioca mansa sobrepassa a mandioca brava[14]

criando assim uma relação dialética entre os dois cultivos que é tema que ainda merece novas pesquisas.

Para alguns autores, a mandioca brava é mais próxima à mandioca selvagem, tendo sido selecionadas só quando os grupos humanos passaram a dominar as técnicas eficientes de eliminação do veneno, o que, por si só, já indica a complexidade cultural dos grupos amazônicos que promoveram essa inovação. Do mesmo modo, indicam que uma rede de comércio extensivo desse produto pode ser detectado há cerca de 5.000 anos do presente na América do Sul. Autores como Michael

---

14 Christian Isendahi, op. cit., p. 456.

Heckenberger, que estudaram a relação entre o sedentarismo e a agricultura da mandioca, sugerem que sociedades complexas surgiram no Alto Xingu[15] a partir de dietas que combinavam a mandioca com fontes de suprimento proteico, como os diversos recursos aquáticos, especialmente peixe.

No que toca ao *milho*, a sua pré-história não é menos rica e interessante do que a da mandioca. Trata-se de uma espécie que surgiu do hibridismo espontâneo de duas gramíneas, amplamente difundido pela Mesoamérica. Evidências provindas do rio Balsas, região do sudoeste do México, onde provavelmente foi domesticado há 6.000 anos antes do presente, indicam que ele se difundiu a partir daí para outras regiões do México, pela América Central e América do Sul e, provavelmente, sudoeste e leste da América do Norte. Mas fitólitos, pólem e amido de grãos de *Zea mays* foram encontrados também no Panamá, datados de 7.000 anos antes do presente, bem como na Amazônia equatorial, datados de 5.300 anos antes do presente; e o estudo do consumo de milho, através de métodos utilizando isótopos de carbono em ossos humanos, indica datas como 8.000 anos antes do presente em 622 indivíduos de sítios arqueológicos bem datados. Em Cerro Mangote – costa pacífica do Panamá – foram datados ossos de 16 indivíduos que consumiam milho há cerca de 7.000 anos AP.

Do mesmo modo, grupos expressivos de humanos começaram a consumir milho em grande escala, e numa extensão territorial significativa, em torno de 3.000 anos AP. O cálculo

---

15 Michael J. Heckenberger, *The Ecology of Power*: Culture, Place, and Personhood in the Southern Amazon, A.D. 1000-2000, New York and London, Routledge, 2005, p. 404.

realizado por outro método – a datação glotocronológica[16] – indica que na América Central e na América do Sul é possível observar um padrão semelhante, apontando 3.000 anos AP como a época de sua ampla difusão.[17] A mandioca encontra-se hoje largamente difundida pelo mundo. Dentre as tuberosas, perde apenas para a batata. Seu maior produtor é a África (53,32%), seguido por Ásia (28,08%), Américas (18,49%) e Oceania (0,11%). Quanto ao rendimento, destacam-se a Ásia (14,37 t/ha) e as Américas (12,22 t/ha), seguidas pela Oceania (11,57 t/ha) e África (8,46 t/ha). Quanto à produção nacional, o Brasil ainda se destaca, sendo o segundo no *ranking* mundial, atrás da Nigéria, hoje o maior produtor. Sua origem brasileira é incontestada, tendo os portugueses atuado fortemente como seus primeiros difusores. Primeiro sob a forma de farinha de mandioca, depois como mercadoria do tráfico negreiro. Por fim, foi o cultivo da própria planta que ganhou o continente africano, integrando desde logo a dieta dos negros que seriam transladados pela escravidão.

*De zaburro a maíz: o quiproquó lusitano*

Já a trajetória do milho é igualmente complexa como questão historiográfica e nos deteremos um pouco mais sobre ela.

---

16 Trata-se de uma técnica de datação de línguas não escritas, a partir da separação entre duas ou mais línguas próximas, baseada nas mudanças internas e aquisições vocabulares externas, calculadas como percentuais de palavras substituídas ao longo do tempo.

17 C. H. Brown, "Glottochronology and chronology of Maize in the Americas", in Jonh E. Staller, Robert H. Tykot & Bruce F. Benz, *Histories of Maize. Multidisciplinary approaches to the Prehistory, Linguistics, biogeography, domestication and evolution of Maize*, London, Elsevier, 2006, p. 655 ss.

Sabemos que ele chega à Europa logo com Colombo. Dez anos depois, há notícias de seu cultivo em Castela, na Catalunha, na Andaluzia. Encontra-se em Bayeux, no sudoeste da França, em 1532. Chega a Veneza na década de 1530. Em Portugal, aparece por 1520, em torno da cidade de Lamego. Chega à então Birmânia (atual Myanmar) e à China em 1597, levado pelos portugueses. E como observou David Lopes Ramos, jornalista português especializado em culinária, "de tal maneira se naturalizou aí que, no século XVII, quando os agrônomos europeus começaram a interessar-se por ele, se lhe admitia uma dupla origem ao mesmo tempo vindo da América e do Extremo-Oriente – o que mostra bem a profundidade da sua implantação, em apenas 200 anos".[18]

De fato, os portugueses foram mestres em misturar discussões botânicas, relativas à classificação de várias plantas, e questões históricas, como a relativa à disseminação do *Zea mays*, e, ainda, discussões mais propriamente de léxico. Mas esse não foi um privilégio exclusivo dos portugueses. Em artigo surgido em 1967, escrito por M. D. W. Jeffreys, encontra-se um enorme esforço para identificar uma origem do milho na África, anteriormente à revelação de Cristovão Colombo.[19] São ecos longínquos do quiproquó criado pela confusão nominativa a respeito do milho, o que, ainda hoje, dificulta a identificação do seu trajeto nos domínios lusitanos.

---

18  David Lopes Ramos, *Sabores da Lusofonia*, Lisboa, CTT - Correios de Portugal, 2009, p. 34.
19  M. D. W. Jeffreys, "Pre-Columbian Maize. North of the Old world Equator", in *Cahiers d'études africaines*, vol. 9, n. 33, 1969, p. 146-149.

De fato, os primeiros cronistas coloniais já registravam a ocorrência, nas terras brasileiras, do milho *zaburro*. A primeira menção a ele encontra-se no *Relato do Piloto Anônimo*, documento da viagem de Cabral em 1500. Nos escritos de época, a nomenclatura para se referir ao milho é ampla. No *Diálogo das grandezas do Brasil*, de Ambrósio Fernandes Brandão, do início do século XVII, lê-se a profusão de termos: o "milho--maçaroca, que em nosso Portugal, chamam zaburro e nas Índias Ocidentais maís, e entre os índios naturais da terra, abati".[20] Por outro lado, sabe-se que o primeiro a grafar a palavra *zaburro* em português foi Valentim Fernandes, relativamente às suas viagens frequentes a São Tomé, entre 1492 e 1506. Nos escritos, distingue o zaburro do "milho da Guiné" e do "milho dos Negros", ambos cultivados no litoral seco saariano – provavelmente o *Sorgho grundinaceum*, diferente ainda do *Panicum mileaceum*, que há muito se cultivava em Portugal.

O *zaburro* foi assim identificado por Gonçalo Pires, em São Tomé, onde teria sido semeado pela primeira vez em 1502, e é provável que a palavra tenha derivado de "za", ou *raiz*, largamente utilizada na África Ocidental como sinônimo de sorgo, e "burro", designativo dos *árabes* na Costa do Marfim; daí que "*zaburro*" significaria, em línguas africanas, algo como "sorgo dos árabes". Essa hipótese linguistica é reforçada pelos usos de "grano turco" pelos italianos e expressões equivalentes em alemão, francês e inglês, além de "milho da Índia" pelos portugueses. Valentim Fernandes, já citado, refere-se a ele novamente em 1507, ao descrever a costa da Guiné e do Senegal,

---

20 Para a abordagem dessas sinonímias, ver Sheila Moura Hue, *Delícias do descobrimento*, Rio de Janeiro, Zahar, 2008, p. 84 ss.

dizendo que os povos da Gilofa tinham muito milho zaburro, sendo o cuscuz o seu principal comer, alimento também comum entre os Mandingas.[21]

Ora, o zaburro é às vezes também identificado com aquele que "nasce próprio como o da daca", isto é, a maça (maçaroca), o que só se pode dizer do *Zea mays*, visto que não ocorre nas espécies de sorgo ou outras gramíneas.[22] Em princípio do século XVI é Fernandes Brandão quem identifica o milho de maçaroca com o milho zaburro, e diz ser "maís" o seu nome nas Índias Ocidentais. Em meados do século XVI, quando o piloto anônimo de Vila do Conde passa por São Tomé, nota que os escravos se alimentam de milho zaburro, "que se chama maiz nas Ilhas Ocidentais". Finalmente, na segunda edição do seu livro *Della navigationi e viaggi*, de 1554, Battista Ramusio fala do "milho zaburro nas indias ocidentais mahiz e inclui um desenho de uma espiga de *Zea mays*.[23]

A confusão persiste, ainda no século XIX, e no *Dicionário de Morais*, edições de 1831, 1857 e 1874, milho zaburro figura como sinônimo de *Zea mays*. Contudo, a origem americana da gramínia foi comprovada por Alphonse de Candolle (1882), aclarando que era desconhecida do Velho Mundo antes do contato colombiano.[24] Mas de maneira que pretende conclusiva, Hélder Lains e Silva escreve, como tentativa

---

21 Ver a respeito Hélder Lains e Silva, *São Tomé e Príncipe e a cultura do café*, Lisboa, Junta de investigação do Ultramar, 1958, p. 60-67.
22 "Maça ou clava é bem figurativa da forma da espiga do *Zea mays*, e não pode aplicar-se corretamente à panícula do sorgo" (Hélder Lains e Silva, op. cit., p. 62).
23 Idem, p. 63.
24 Arturo Warman, op. cit., p. 41.

de identificação botânica do milho zaburro que Valentim Fernandes diz ter sido cultivado pela primeira vez em São Tomé em 1502:

> a descrição que esse autor nos deixa, assim como os escritos de Ramúsio, do piloto da Vila do Conde, Duarte Lopes, Gabriel Soares de Souza, Fernandes Brandão e outros, são suficientes para justificar a presunção de que o milho zaburro é o mesmo cereal que os espanhóis haviam de trazer ou já tinham trazido do Novo Mundo – *Zea mays* – o qual os portugueses conheceram de origem não americana, e daqui a razão por que chamaram sem hesitar 'zaburro' ao cereal que espanhóis, franceses, italianos, ingleses e alemães sempre chamaram 'maís'. Os mesmos escritos não permitem de modo nenhum concluir ser 'zaburro' sinônimo de 'sorgo', conclusão que em grande parte tem resultado de se aceitar como definitivamente provada a origem americana do *Zea mays*, quando estão ainda em execução estudos que permitem supor origem asiática ou africana.[25]

É realmente extraordinário que, em meados do século XX, quando escreveu, ainda pairassem dúvidas em seu espírito sobre a origem americana do *Zea mays*. Mas autores portugueses de pensamento conservador e ligados ao estudo do expansionismo lusitano, que escreveram sob o salazarismo, não deixaram de invocar mesmo hipóteses duvidosas de caráter genético sobre diferentes pontos de origem e difusão da planta, situados no México, América do Sul, África intertropical e Birmânia (atual Myanmar), argumentando que

---

25 Idem, p. 67.

é "metodologicamente impossível admitir um critério pelo qual todas as fontes estariam erradas".[26]

Este parece ser o sentido político da afirmação de Hélder Lains e Silva, ao dizer:

> o que é fato é ser ainda um mistério a origem desta gramínea, sobre a qual não há provas definitivas. Admite-se mesmo a possibilidade de ser originária da Ásia e de ter sido transferida para a América. A favor da sua origem americana militam apenas algumas circunstâncias: a de ser espontânea na América Central certa espécie do gênero *Euchlaena* – o teossinto – próxima do *Zea mays*, com a qual se cruza rapidamente; o de existirem na bacia do Amazonas formas primitivas; finalmente, a de estar muito desenvolvida a cultura no Novo Mundo quando Colombo o alcançou, em 1492, admitindo-se que ela teria mais de um milênio. O que, porém, importa salientar é que as dúvidas existentes sobre a origem do *Zea mays* são tantas e tais que favorecem a hipótese da sua existência no continente africano antes da chegada dos portugueses à região quente e úmida do golfo da Guiné. A ser um fato esta hipótese, explicar-se-ia porque, dos povos europeus mais em contato com a faina expansionista do século XV, somente os portugueses não foram buscar a palavra americana 'maís' para designar a nova gramínea (...) antes adotaram o termo africano 'zaburro', durante muito tempo o único consagrado para designar o nosso milho de hoje.[27]

---

26 Vitorino Magalhães Godinho, "O milho maiz : origem e difusão". In *Revista de Economia*. vol. 15, fasc. 5 (Mar. 1963) (2a série no 5) p. 34.
27 Hélder Lains e Silva, op. cit., p. 63.

Desse modo, portanto, no "comércio de ir e vir" dos navegadores portugueses já não se sabia se o milho "ia" ou "vinha", num movimento de globalização que acabaria por enlaçar os cinco continentes e contribuir grandemente para a difusão das mesmas espécies pelo mundo todo, independentemente de quais tenham sido os pontos de partida.

## O padre e a civilização: a mandioca e o milho

O padre jesuíta João Daniel autor do *Tesouro descoberto no máximo rio Amazonas*[28] é considerado a principal fonte de informações sobre a Amazônia, onde viveu entre 1741 e 1757, data em que foi conduzido preso para Lisboa, por ordem do Marques de Pombal. Permaneceu preso por 18 anos antes de falecer, nos quais escreveu de memória a obra que expressa sua experiência dos 16 anos no Brasil. No seu livro, além de inventariar a flora, a fauna, os costumes indígenas e dos brancos, procurou tecer conselhos úteis à colonização daquelas terras. Como

> o meu intento principal – escreveu – é dar aos novos povoadores, que para lá mudam os seus domicílios, um método de cultivar aquelas terras o mais fácil, e útil para eles, e para todo o estado, não esperei de persuadir-lhes (...) não se acostumarem ao abuso da farinha-de-pau, como erraram os povoadores dos anos pretéritos, aos quais se logo de princípio entrassem a cultivar as searas da Europa teriam hoje muita fartura de pão para suas casas, e famílias, sem necessidade de escravos, teriam

---

28 João Daniel, *Tesouro descoberto no máximo rio Amazonas*, 2 volumes, Rio de Janeiro, Contraponto, 2004.

terras estáveis, sem precisão de novas terras todos os anos, e teriam herdades firmes para estabelecimento de suas casas, e famílias. Porém, porque se quiseram costumar à farinha-de-pau, e usos da terra (...) por isso nunca puderam medrar, nunca fartar as suas casas, e nunca ter bens de raiz.[29]

Logo se vê, portanto, a sua aversão à mandioca sob a forma de farinha, sem as virtudes que outros cultivos teriam, dentre os quais o de prescindir de mão de obra escrava.

Os conselhos do padre partem da constatação de que a pobreza, na Amazônia, está intimamente ligada ao costume de consumir farinha de mandioca (farinha-de-pau), que demanda demasiado trabalho, obrigando ao uso de escravaria pelos brancos, entremeado por períodos de penúria, por ser o cultivo de ciclo longo. Os brancos, constata, fazem outras sementeiras de milho graúdo e algodão, seguidos pelos "tapuias mansos", que os imitam nos seus roçados, mas "de ordinário se contentam como os selvagens só da maniva, e algum milho grosso, que usam não para dele fazerem pão, mas para assarem, quando verde, ou já maduro, e para as galinhas, e para os seus vinhos".[30] Já os que têm mão de obra suficiente não se limitam à mandioca, fazendo sementeiras separadas de algodão, milho, arroz, canaviais para açúcar e aguardente, e muitas outras como tabaco e legumes. Contudo, em se acabando a mata crescida e as antigas que serviram de roçado, reduzem-se à condição de que "só da maniva é que se valem para o pão co-

---

29 João Daniel, vol. 2, op. cit., p. 175.
30 Idem, p. 21.

tidiano".³¹ A mandioca lhe parece, assim, o patamar ínfimo da agricultura, aquilo que puxa para baixo a prosperidade.

Num capítulo de sua obra intitulado "A causa da pobreza no Amazonas é o cultivo da maniva", o padre reúne argumentos que identificam na produção de farinha-de-pau a razão da mendicância, não por falta de terras como é a causa da mendicância na Europa, mas só por falta "do verdadeiro cultivo nas searas, e do uso da farinha-de pau".³² Sendo a mandioca um resumo da pobreza, produzida por escravos, acostumam-se a ela os brancos aqui chegados em busca da prosperidade e, geração após geração, vão se diminuindo e igualando a povos que "não tinham uso de ferro, nem instrumentos para outra casta de agricultura", acatando "sustento tão rústico". Registra, ainda, que a mandioca, que não produz estoque, quando acaba obriga a andar pelos matos, "buscando frutas agrestes, e caroços duros, os quais ralam e beneficiam pelo modo da farinha--de-pau"³³. Para ele, os colonizadores estariam condenados à miséria por não abandonarem a mandioca "e introduzirem em seu lugar as sementeiras da Europa, e mais mundo".³⁴

Mas o padre João Daniel escolhe para contrastar com a mandioca justamente o milho, "de que os brancos já fazem algumas sementeiras para criação de galinhas, e animais domésticos". Assim, dirá:

> São muitas as conveniências do maús, ou milho graúdo, sobre a farinha-de-pau e as sementeiras de um sobre

---
31 Ibidem.
32 Idem, p. 191.
33 Idem, p. 192.
34 Idem, p. 193.

o plantamento e cultivo da outra (...) primeiramente o terreno para os milhos não só não necessita de grandes matas, como a maniva, mas antes o contrário (...) já dessa circunstancia se vê bem o quanto se avantaja à farinha-de-pau, que requer matas grandes: porque para fazer um roçado para a maniva em grossas matas é necessário muito trabalho, muita gente, e muito tempo; e para roçar igual espaço de terreno em uma pequena capoeira basta um só jornaleiro em um ou dous dias sem se cansar muito.[35]

Acresce, ainda, a favor do milho, preservar as matas, aceitando-se qualquer terra para a sua semeadura, onde frutifica muito. Considera, ainda, que em três meses se colhe o milho, de forma a se ter três colheitas anuais, enquanto se faz apenas um cultivo de mandioca. Não menos importante, registra que a mandioca, depois de muito trabalho, ainda corre riscos naturais; "não assim as searas dos milhos, que sempre frutificam com abundância, sempre dão 100 por um, e sempre tiram as casas da miséria".[36]

Segundo o padre, a superioridade do milho se revela como valor de uso. Enumera variedades de milho *mapira michuerre* ou *machavere, mapira inacuru* e *mapira inhamuzi,* que são milhos brancos e amarelos, milhos de grãos graúdos, cultivados também na África, ou seja, já comprovados em sua utilidade.[37]

Enquanto farinha, também veremos que tem muito mais usos que a farinha-de-pau, porque tem os mes-

---
35  Idem, p. 177-178.
36  Idem, p. 178.
37  Idem, p. 181.

mos usos que a farinha-de-pau, e tem demais os usos da Europa no pão de broa; tem os mesmos usos da farinha-de-pau, porque se pode beneficiar como ela, e comer como ela; com muito menos trabalho, porque não necessita, para se fazer, de se ralar nas rodas, ou raladores, em que se rala a mandioca, nem se meter em prensas para se tirar o sumo, ou aguadilha; nada disso necessita o benefício do milho, e também se faz com mais brevidade. Não falo da farinha de milho, que alguns fazem torrando o grão, e pisando-o grosseiramente sem mais indústria, porque essa farinha é pouco cobiçada, e apetecível, e só a fazem alguns (...) por não saberem ainda a maestria com que se faz a mais mimosa, de que falamos, de que usam muito os mineiros nos seus arraiais, e nas suas viagens".

Acrescenta ele como se faz esse produto mais refinado, a mais "mimosa farinha de milho graúdo", que se deixa de molho em água até ficar bem coberto, até o grão inchar bem, em alguns dias; em seguida, põe-se a enxugar e a pilar ou socar em grandes pilões de pau, sendo que, estando muito mole, se pisa com facilidade. Depois, passa-se a massa por peneiras "gurupema" e delas se vai ao forno, "e corre já o mais benefício como a farinha-de-pau, que é secar nos fornos, e torrar, e dali passar para a talha; e (...) se podem fazer diversas castas de farinha imitando as quatro castas que se fazem de farinha-de-pau seca, farinha-d'água, carimã, e tapioca".[38] Por esse caminho, assegura o padre, chega-se a uma farinha "mais gostosa", como constatou por viajantes que, tendo a opção de consumir a ambas, só se entregaram à farinha-de-pau quando terminou

---

38  Idem, p. 179.

a farinha de milho. Do mesmo modo, ela melhor se adapta ao gosto reinol, como na elaboração de broas onde é utilizada associada a outra farinha qualquer. Como último argumento a favor do milho, lembra que enquanto na Amazônia os portugueses se entregam à mandioca, os espanhóis dos rio Solimões para cima não o fazem, adotando o milho e evitando as fomes costumeiras na Amazônia portuguesa.

*Tesouro descoberto no máximo rio Amazonas* é livro conhecido desde 1810, quando D. João VI o depositou na Biblioteca Nacional; obra que em 1840 Francisco Adolfo de Varnhagen qualificou de "uma preciosidade", é talvez a primeira exposição sistemática da oposição civilizatória entre a mandioca e o milho, optando claramente pela superioridade deste último, sendo sua obra um elogio da natureza Amazônica, apontando suas virtudes natas assim como a possibilidade de acolher com vantagens várias conquistas do engenho humano no que respeita à agricultura.

No caso do milho, que João Daniel conhece como fruto natural da terra, não se conforma com seu papel subalterno na sociedade natural da Amazônia, perdendo para a mandioca, corrompendo a fibra e viciando o europeu lá chegado. Assim, através do elogio das suas virtudes e conveniências, o que o padre traça é um panorama que atrela o progresso à adoção do milho, através de uma reforma de costumes – inclusive porque o milho amazônico é um recurso disponível mas não apreciado pelos nativos, o que, por outro lado, faz o contraste com a América hispânica. Como pano de fundo, João Daniel contempla o esplendor civilizatório dos povos nativos andinos e o império correspondente, baseados na irrigação. Para ele não há dúvidas: o milho é civilização; a mandioca, decadência e degeneração.

## Os brasileiros, "povo da mandioca"

Ao melhor estilo de *Eram os Deuses Astronautas?* (best-seller aparecido em 1968, de autoria do suíço Erich von Daniken), onde o autor persegue a ideia de que as antigas civilizações eram criações de extraterrestres, o século XIX esteve verdadeiramente obcecado pela busca da "origem" dos povos. Em outras palavras, seríamos nós, brasileiros, autóctones ou derivados de algum povo transplantado, mais civilizado, que havia decaído ou degenerado? De onde vieram nossos índios?

Até que Darwin publicou *The Descent of man* (1871), mostrando que o homem provinha da evolução de formas anteriores, tendo surgido provavelmente na África, muito se especulou sobre isso. Mesmo para o pensamento religioso era necessário dirimir certas dúvidas como: Deus criou o homem uma só vez ou através de múltiplos atos que resultaram nas diferentes raças humanas? A teoria darwiniana de uma única criação – o monogenismo – se opunha àquela das múltiplas criações – ou poligenismo – que buscava se fundamentar na bíblia. Assim, era forçoso perguntar: seriam os povos americanos fruto de uma criação especial, ou vieram ter aqui a partir de uma origem comum mas por caminhos desconhecidos?

Quando o D. Pedro II fundou o Instituto Histórico e Geográfico Brasileiro (IHGB), em 1838, com o objetivo de estabelecer os limites territoriais e simbólicos da realidade que se chamava "Brasil" – muita coisa foi escrita relacionada ao assunto. Reunindo os doutos da corte, as sessões do Instituto se realizavam periodicamente, quando algum deles expunha um assunto ou "ponto" sorteado, desenvolvendo de modo fundamentado sua opinião sobre o tópico. Depois, essas conferências apareciam na própria revista do Instituto. Ao poeta Gonçalves Dias, por exemplo, coube explorar o tema da tribo da mulheres guerreiras – as amazonas – tendo concluído que "verdadeiras Amazonas (...) nem na Europa, nem na América existiram; e que ainda dada como provável ou somente como possível a sua existência, não encontro nem nos antigos escritores, nem nos modernos viajantes razoável fundamento para me decidir pela afirmativa".[39]

Por esse caminho, e pouco a pouco, foram se somando convicções sobre as feições do país, dirimindo-se dúvidas, fixando-se valores que seu sócios desejavam como atributos desse povo jovem que procurava um lugar no concerto das nações do mundo civilizado. Não queríamos, certamente, sermos iguais a Portugal. E essa grande empreitada a busca de uma identidade caminha de modo mais ou menos errático até pelo menos 1854, quando o sorocabano Francisco Adolfo de Varnhagen, diplomata, primeiro secretário do Instituto, e que seria conhecido como Visconde de Porto Seguro, publica a primeira *História do Brasil* produzida na ex-colonia, e sob os auspícios da instituição. Antes disso, porém, não se tinha certeza, nesse fórum, nem mesmo sobre o descobrimento.

Num artigo publicado na revista do IHGB em 1840, afirma-se que "Alexandre de Humboldt, que é de todos os escritores o que melhor fez conhecer não somente o estado físico,

---
39 Gonçalves Dias, A.,"Amazonas. Memória escrita em desenvolvimento do programa dado por S. M. I. ao sócio....", *Revista do Instituto Histórico e Geográfico do Brasil*, tomo XVIII(1855), 3ª série, Rio de Janeiro, Imprensa Nacional, 1896, p. 69.

mas também a história da descoberta da América, notou que os navegantes, a quem se deve realmente o descobrimento desta nova parte do mundo, foram os Escandinavos, se bem que este fato tenha sido ou completamente negado, ou posto em dúvida por muitos autores distintos dos tempos modernos".[40] Ora, a autoridade de Humboldt em todo o mundo, inclusive entre nossos intelectuais, era incontestável, e se ele pusera em dúvida a descoberta do Brasil pelos portugueses era necessário aprofundar as investigações a respeito.

Na notícia referida, lê-se que Colombo esteve na Islândia em 1477 e "ali ouviu contar a descoberta da América pelos Escandinavos". Citando como fonte a Memória sobre o descobrimento da América no século decimo, escrita por C. C. Rafn, Secretário da Sociedade Real dos Antiquários do Norte, afirma a Notícia veiculada pela *Revista do IHGB*, que "O descobrimento da América no século décimo pode ser considerado como um dos sucessos mais notáveis da História do mundo; e a posteridade jamais poderá negar aos Escandinavos a honra, que lhes cabe por tão grande descoberta". Vários fatos são acrescidos como prova: a viagem de Biarne Heriulfson em 986; o descobrimento de Leif Ericson, e primeiro estabelecimento na Vinlândia; a expedição de Thorwald Ericson a regiões mais meridionais em 1.002; a viagem de Freydisa, Helge e Finnboge e o estabelecimento de Thorfinn na Islândia e daí por diante. Assim, o primeiro acontecimento, "segundo a ordem cronológica que se acha consignada nos antigos manuscritos, é

---

40 "Notícia sobre a obra publicada em Copenhagen pela Sociedade Real dos Antiquários do Norte, com o título de *Antiquitates Americane*", *Revista do Instituto Histórico e Geographico Brasileiro*, Tomo IIº (1840), Rio de Janeiro, Imprensa Nacional, 1916, p. 207.

uma viagem de descobrimentos feitos nas regiões árticas da América no ano de 1266, sob os auspícios de alguns eclesiásticos do Bispado de Gardar na Groenlândia".[41]

Por mais que tudo isso possa parecer fabulação, os homens de letras do Império levavam o assunto a sério, ainda mais que o grande naturalista Carl Frederico Ph. de Martius, instado a dizer como se devia escrever a história do Brasil, afirmou que o passado da raça americana estava "encoberto de escuridão" e, para esclarecê-lo seria necessário comparar os índios com os povos vizinhos, estudar seu passado e apurar "os vestígios de serem os caraíbas um povo de piratas, que se estendia da Flórida e das Bermudas para o Sul. Assim, tornaram-se as investigações sobre a língua dos aborígines brasileiros um objeto de interesse geral, conduzindo as investigações etnográficas, e compreendendo uma grande parte do Novo Mundo".[42]

Como em eco a essa orientação de Martius, muita coisa já havia sido escrita na *Revista* e, mesmo, havia o Instituto patrocinado a busca das ruínas de uma grande cidade abandonada no sertão. Em 1845 a *Revista* publica o relato de um religioso, encarregado de localizar a tal cidade. Este diz que ela se encontra na cordilheira de Sincorá e que há um escravo capaz de levá-lo até lá: "Eu me animo a afirmar a V. Ex., que a cidade está descoberta; mas para dar com mais brevidade

---

41  Ibidem, p. 237.
42  Carlos Frederico Ph. de Martius, "Como se deve escrever a História do Brasil - Dissertação oferecida ao Instituto Histórico e Geográfico do Brasil, pelo seu sócio honorário... Acompanhada de uma Biblioteca Brasileira, ou lista das obras pertencentes à História do Brasil", *Revista do Instituto Histórico e Geográfico Brasileiro*, tomo VIº (1844), Rio de Janeiro, 1865, p. 395.

esta gostosa notícia aos sábios do Brasil e da Europa, que estão com os olhos em mim, para saber de certo a existência de um monumento de tamanha transcendência para a história deste país, são-me necessários socorros, pois num terreno ocupado por negros e feras...".[43]

E tão insistente se tornou esse tema que o Cel. Ignácio Accioli de Cerqueira e Silva, sócio do IHGB, escreveu em 1849: "A questão geral da primeira origem dos habitantes de um continente, diz o sábio barão de Humboldt, está além dos limites prescritos à história, e talvez mesmo não seja uma questão filosófica. Desde longos anos tem sido objeto assaz debatido o saber-se quais foram os povos do antigo continente que efetuaram a passagem dos primeiros povoadores da América (...). Procederam daí diferentes conjecturas entre os escritores que trataram dessa matéria; de envolta com tais conjecturas surgiram algumas sobremaneira bizarras e fabulosas, e não há quase nação desde o polo do norte ate o do sul à qual algum antiquário, entregue à mania das conjecturas, não tenha atribuído a honra de haver povoado a América". Dentre estes, cita o Cel., estão os judeus, os cananeus, os fenícios, os cartagineses, os gregos, os scitas, suecos, noruegueses, galos, espanhóis, sendo que "as pretensões respectivas destes povos tem achado zelosos partidários", acrescentando que "até os apóstolos da funesta propaganda do filosofismo do século passado preva-

---

[43] Benigno José de Carvalho Cunha, "Correspondência. Ofício do Sr. Conego... ao Exm. Presidente da Bahia, o Sr. tenente general Andréa, sobre a cidade abandonada que há tres anos procura no sertão dessa província", *Revista do Instituto Histórico e Geográfico*, tomo VIIº (1845), segunda edição, Rio de Janeiro, Typographia de João Ignácio da Silva, 1866, p. 104.

leceram-se desse estado de dúvidas e incertezas para contestar o proceder o gênero humano de um só tronco, e a universalidade do dilúvio".[44] O próprio Cel., porém, faz as suas conjecturas, admitindo a existência remota da Atlântida e, dela, chegando aos tupis e tapuias.[45] Mas, nesse contexto especulativo, não tardou a repercutir no cenário intelectual e ganhar impacto extraordinário a descoberta da Lagoa Santa, feita por Peter Wilhelm Lund, sócio do IHGB.

Conhecida como "Homem de Lagoa Santa" (MG) – o que, até recentemente, foi o melhor fóssil brasileiro (até a datação de "Luzia") – a descoberta fóssil foi atribuída a 10 mil anos AP. À época, o achado de Lund, realizado em 1840, foi objeto de discussões mundiais sobre a origem do homem americano, confrontando-se as correntes monogenistas e poligenistas. Como foram achados mais de 30 indivíduos ao lado de restos de megafauna, a questão principal era relacioná-los com esta, isto é, a antiguidade do homem americano. Note-se que esse achado se fez apenas alguns anos depois da descoberta dos crânios Neandertal na Europa. Lund aceitou a antiguidade do "Homem de Lagoa Santa" e sua convivência com animais extintos, comunicando-a ao Instituto Histórico e Geográfico.

---

44 Cel. Ignácio Accioli de Cerqueira e Silva, "Dissertação histórica, etnográfica e política sobre as tribos aborígenes que habitavam a privíncia da Bahia ao tempo em que o Brasil foi conquistado; sobre as suas matas, madeiras e animais que a povoam, etc; pelo....",*Revista do Instituto Histórico e Geográfico Brasileiro*, Tomo XIIº (1849), 2ª edição, Rio, Thipografia de João Ignácio da Silva, 1872, p. 145.
45 Idem, p.152.

O achado impacta a discussão sobre a origem do homem americano numa época em que, como vimos, se discutia se os povos indígenas seriam oriundos do Velho Mundo ou seriam autóctones, ou seja, a monogenia/poligenia e a hereditariedade dos povos atuais. Lund era de opinião que o Homem de Lagoa Santa era "da mesma raça que os habitantes desta região nos tempos do descobrimento", de tal sorte que a descoberta causa "a modificação total da relação cronológica que se estabeleceu até hoje entre as duas raças [do homem primitivo e dos indígenas do descobrimento]"[46]. Nessa mesma linha, João Batista de Lacerda, diretor do Museu Nacional, após comparar o Homem de Lagoa Santa aos botocudos e aos homens dos sambaquis, lança a questão: "não será o Botocudo resultado do entrecruzamento destas duas raças?".[47]

Mesmo assim, Manoel Ferreira Lagos, 2º Secretário do IHGB, no seu Relatório dos Trabalhos do Instituto no sexto ano acadêmico, afirmava que a descoberta de Lund vinha corroborar a ideia da ressurreição da Atlântida de Platão, confirmando-nos Bertrand que a tênue camada de vida que floresce na superfície do globo somente encobre ruínas; falava da origem comum dos monumentos dos países boreais da Europa, o Egito, e os monumentos antigos do México e acrescentava que Lund "dificilmente se havia de adivinhar que também o Brasil ofereceria um ponto de contato com este país [Egito] nos tem-

---

46 Ver a respeito Sheila Mendonça de Sousa et al. "Revisitando a discussão sobre o Quaternário de Lagoa Santa e o povoamento das Américas: 160 anos de debates científicos", in Hilton P. Silva & Claudia Rodrigues-Carvalho (org.) *Nossa Origem. O povoamento das Américas*, Rio de Janeiro, Vieira & Lent Casa Editorial, 2006, p. 30.
47 Ibidem, p. 35.

pos antigos, e contudo os restos fósseis, de que me ocupo aqui, fornecem a prova de uma tal coincidência".[48]

A importância dessas discussões é que ela propiciou o deslocamento daquele terreno conjectural típico do romantismo – quando o próprio IHGB patrocinou a busca de vestígios de uma civilização perdida na selva brasileira, além de abrir as páginas de sua revista para artigos fantasiosos sobre a origem do homem americano em grandes civilizações do mundo clássico – para o campo das ciências paleontológicas. Compreende-se assim que o próprio Euclides da Cunha tenha invocado a descoberta de Lund como fundamento de sua opinião de que o homem americano se fez "desligado do grande viveiro da Ásia Central" e "erige-se autônomo entre as raças o homo americanus".[49] Desse modo, os "nossos silvícolas, com seus frisantes caracteres antropológicos, podem ser considerados tipos evanescentes de velhas raças autóctones da nossa terra".[50]

No tocante à participação do indígena na nação, a descoberta de Lund inicia a destruição da sua imagem romântica, baseada na ideia de um passado glorioso a Gonçalves Dias, substituindo-a por uma questão científica e, pois, permitindo a "paleontologização" do passado. Mesmo décadas mais tarde, Euclides da Cunha se referiria ao Homem de Lagoa Santa como a prova cabal de um desenvolvimento autônomo do gênero humano em nosso país. Concedeu-se, assim, aos primitivos brasileiros, uma trajetória própria, cuja investigação

---

48 *Revista do Instituto Histórico e Geográfico*, tomo VIIº (1845), segunda edição, Rio de Janeiro, Typographia de João Ignácio da Silva, 1866, p. 523.
49 Euclides da Cunha, *Os sertões*, p. 146.
50 Ibidem, p. 146.

valeria a pena. E um sócio do IHGB sintetizou muito bem essa orientação:

> a população primitiva das Américas viveu em tempos remotíssimos em um estado muito mais civilizado do que aqueles em que achamos tanto os Mexicanos do nosso tempo ou outros povos montanheses, como os índios selvagens do Brasil. Toda essa povoação, sem dúvida muito mais numerosa, caiu de uma posição muito mais nobre por diversas causas. E já os conhecimentos antropológicos começam de lançar nova luz sobre a história dos autóctones americanos, graças às pesquisas e trabalhos de tantos ilustres sábios, em que mormente se eleva o talento do Sr. Alcide D'Orbigny, em quanto que a arqueologia indaga os seus monumentos, interroga as suas estátuas, decifra os seus hierogrifos, busca seu mito em seus derrocados tempos, e compara ruínas de um e de outro hemisfério, a ciência não para [...] interroga nações inteiras ou restos de hordas ou relíquias de famílias, ávida de apanhar o fio misterioso que a guie na solução dos problemas das raças, que deseja prender a um só tronco, em que veja o sopro de Deus.

A vista de tudo isso, conclui o autor, diante de plateia seleta, da qual participava o próprio imperador: "não podemos deixar de conceber lisongeiras esperanças da composição de uma história americana dos tempos anticolombianos (...) esperanças de elucidação do passado desses povos de quem vimos ocupar o lugar, que pertencia nos anais da terra".[51] Sem

---

51 Joaquim Norberto de Souza Silva, "O descobrimento do Brasil foi devido a um mero acaso ou teve ele algum indício para isso? Pro-

dúvida a ideia de "ocupar o lugar" é a chave de entendimento dessa longa história conjectural.

A história sem fim ganha, no entanto, uma feição mais articulada na monumental *História Geral do Brasil. Antes da sua separação e independência de Portugal*, onde Francisco Adolfo de Varnhagen, o Visconde de Porto Seguro, oferece ao leitor sua visão peculiar sobre as sociedades indígenas e seus modos de vida. Esse livro tem uma história interessante, no que toca ao tema indigenista. O historiador Pedro Puntoni assim a sintetiza: "Em Madrid, no ano de 1854, (Varnhagem) publicou o primeiro volume de sua *História Geral do Brasil*, na imprensa da Viúva de Rodriguez. Em 1857, quando deu à luz o segundo volume, não hesitou em acrescentar um "Discurso Preliminar". Este texto – que seria publicado também em Portugal, no mesmo ano, na revista *O Panorama* – era, na verdade, o desenvolvimento de outro, escrito em 1852, com o título "Como se deve entender a nacionalidade na História do Brasil?" e que havia sido lido em duas sessões da Academia de História de Madri. Tratava-se de uma "memória" que Varnhagen enviara ao Imperador em julho de 1852 (...) para, assim, marcar sua posição anti-indianista e apresentar seus argumentos. No volume segundo de sua *História*, este discurso preliminar leva o título, sugestivo, de "Os índios perante a nacionalidade brasileira". Apesar de ter comungado com o ideal indianista nos seus primeiros textos, o historiador resolveu assumir uma posição

---

grama distribuido na sessão de 15 de dezembro de 1849 por S. M. O Imperador ao sócio correspondente..., e pelo mesmo desenvolvido em sua augusta presença nas sessões de 6 e 20 de dezembro de 1850", *Revista do Instituto Histórico e Geográfico Brasileiro*, tomo XV (1852),Rio de Janeiro, Laemmert, 1888, págs. 132-133.

mais reacionária e contrária ao estilo e à temática que dominavam as primeiras letras brasileiras. Pagou um caro preço por isso, uma vez que protegida pelo imperador, a tribo indianista não aceitou a critica que lhe impunha o sorocabano (...) que por ocasião da segunda edição da *História Geral do Brasil* (Rio de Janeiro, Laemmert, 2 vols., 1877), Varnhagen amenizou o tom e retirou o "Discurso Preliminar".[52]

Ainda que esse discurso tenha sido amenizado, vale atentar para a sua primeira questão no referido texto – "eram os que percorriam o nosso território, à chegada dos cristãos europeus, os seus legítimos donos?"[53] – registrando que na nova edição, a tese cara a Varnhagen lá continuava: os índios eram apenas os últimos invasores ou ocupantes da terra, antes da chegada dos portugueses, de sorte que, pela população rarefeita (não seriam mais do que um milhão no vasto Brasil, dizia ele), era contrário a se reconhecer direitos de proprietários. Sua argumentação é tortuosa, mas trata de mostrar que as várias denominações dos índios brasileiros não escondiam o fato de que derivavam de uma só origem, e os vários grupos eram nômades, fruto de guerras entre eles mesmos, de sorte que "tais rixas perpetuariam no abençoado solo a anarquia selvagem, ou viriam a deixá-lo sem população, se a Providência Divina não tivesse acudido a dispor que o cristianismo viesse a ter mão a tão triste e degradante estado!".[54]

---

52 Pedro Puntoni, "Varnhagen e a História do Brasil", Brasiliana USP. Disponível em: http://www.brasiliana.usp.br/node/454.
53 Varnhagen, primeira edição fac-símile, Brasiliana USP, p. 29. Disponível em: http://www.brasiliana.usp.br/bbd/handle/1918/01818720#page/29/mode/1up.
54 Francisco Adolfo de Varnhagen, *História Geral do Brasil*, Tomo I (5ª edição), São Paulo, Cia. Melhoramentos, 1948, p. 31.

Mas, qual teria sido a origem comum dos nossos índios? A teoria de Varnhagen era de cunho monogenista: os povos americanos, dentre os quais os tupis, haviam se originado de matriz vinda de fora do território brasileiro, o que explicaria a "unidade de raça e de língua" que se encontrava "desde Pernambuco até o porto dos Patos, e pelo outro lado até as cabeceiras do Amazonas e desde São Vicente até os mais apartados sertões, onde nascem vários afluentes do Prata".[55] Vale a pena reproduzir a sua argumentação:

> Provada a existência de antigas relações quase históricas entre povos do Mediterrâneo e as Canárias, ilhas de que até Ptolomeu e Plínio fazem menção, nomeando várias delas, nada mais natural do que conceber, naqueles tempos de atraso da navegação, frequentes engarrafamentos de alguns barcos, que fossem parar, uns nas costas do México, outros nas do Yucatan e Centro-América, e finalmente outros nas do Brasil e Antilhas. Destes últimos, bons navegadores, conhecendo já o uso do arco e da flecha, o fabrico das bebidas fermentadas e dos venenos, a arte cerâmica, certa agricultura, os instrumentos de pedra polida, e o uso de fogo para vários misteres, provieram os nossos Tupis, "os da primordial geração", segundo o significado desta palavra, conforme provamos.
> O fato de se chamarem também *Caribs* ou *Carys*, de se denominarem *Caryós* (*Carioes*, escreve o cronista Herrera) os que se achavam na vanguarda da emigração, no Sul do Brasil, e de designarem, com honra, com esse nome os europeus que depois aqui aportavam

---

55 Ibidem, p. 25.

como amigos (donde proveio *Cariocas*),⁵⁶ nos deu as suspeitas de que os primitivos imigrantes teriam esse nome. E hoje temos quase a convicção de que houve efetivamente para o Brasil uma grande emigração dos próprios Cários da Asia Menor, efetuada depois da queda de Troia. Havendo eles estado, nessa guerra tremenda de dez anos entre a Europa e a Ásia, contra os Gregos, e havendo ficado vitoriosos os Gregos, e senhores dos mares, é mais que possível que os mesmos Cários nem nas suas colonias ao Oeste de África se julgassem ao abrigo das crueldades que nesses tempos se praticavam com os prisioneiros de guerra, e que não se reduziam à escravidão, mas ao sacrifício de muitos e à amputação das mãos e do próprio falo (...) e se lançaram no oceano à aventura (...) e finalmente certa semelhança entre o tupi e o egípcio antigo (...) fazem-nos crer que eram de raça aparentada com os Egípcios os ascendentes dos nossos Tupis.⁵⁷

Argumentação que hoje nos parece tão estapafúrdia, era reforçadas por Varnhagen, com estatuto de prova, por hábitos existentes e inexistentes, bem como por práticas similares, como o consumo *"da farinha feita de raiz do feto canário (Pteris aquilina), cuja ideia não deixa de ter analogia com a da iuca ou mandioca"*.⁵⁸

---

56 Segundo Antonio Geraldo da Cunha *(Dicionário histórico das palavras portuguesas de origem tupi*, São Paulo, Melhoramentos, 1989) é muito controvertida a etimologia de *carioca*, sendo mais provável *kari´oka* ou "casa do branco".
57 Francisco Adolfo de Varnhagen, op. cit., p. 60-61.
58 Ibidem, p. 60. Grifo nosso.

A *Pteris aquilina*, da família das samambaias, comum em vários países, desenvolve um rizoma que a Varnhagen assemelhava-se à mandioca. Seria ela o vínculo original com a população que, chegada ao Brasil, deu origem aos tupis que se espalhavam de norte a sul do território. E seria o preparo e consumo da mandioca um elemento mais, além da língua, a evidenciar a unidade dos bárbaros. No seu relato sobre a alimentação, reunia elementos que, hoje sabemos, advinham de diferentes tradições culturais indígenas mas que, abstraídas do contexto, serviam para construir a imagem unificada dos povos ameríndios.

> Roçada (...) a terra àquelas (mulheres) pertenciam a plantação do aipim e da mandioca, a sementeira do milho e do mandubi (...). Da mandioca fabricavam a farinha, pelo processo grosseiro que depois adotaram os colonos, e que ainda hoje se pratica nas roças (...). A farinha que devia servir para jornadas, à qual chamavam de guerra, era cozida de forma que ficava compacta, em pequenos pães embrulhados em folhas, de tal modo que não lhe fazia dano a água da chuva, ou de um rio em que caísse. Juntavam-lhe um pouco de carimã, e a coziam mais que a outra. Também cultivavam a mandioca doce, ou aipim, que comiam simplesmente assado. Do aipim, do milho, e também dos cajus e ananases e outros produtos naturais de sucos sacarinos, convenientemente espremidos e fermentados em talhas, tiravam bebidas espirituosas, que levavam os nomes dos frutos de que se haviam confeccionado (...).[59]

---

59  Ibidem, p. 42.

Embora enumere a mandioca, o aipim, o milho, o amendoim (mandubi), a batata-doce etc., será sobre a mandioca que Varnhagen fará recair a maior contribuição para os festins, especialmente os antropofágicos, ocorridos em geral nas épocas de colheita.

O destaque para a mandioca é importante nos textos de Varnhagen para a construção da imagem de barbárie em que aprisiona os nativos da terra que, no seu entender, deveriam ser pura e simplesmente sucedidos pelos colonizadores. De uso geral – e semelhante à *Pteris aquilina* no seu dizer – a mandioca unifica os povos americanos, do México ao sul da América do Sul. Essas duas referências – geográfica e botânica – foram suficientes para sustentar-se em relação à tese mais geral de origem extra-americana dos povos do continente.

Mas Varnhagen era homem de grande erudição e, além disso, sentia-se imbuído do de uma missão: "uma das maiores empresas do mundo é a resolução de escrever uma história"[60] que se encaixe no desenho de uma História Universal. Desde logo, se trata de uma hierarquização do mundo humano que pode ser compreendido em espécies, gêneros e classes cuja inter-relação permite aos historiadores desenvolverem a ideia de um mundo harmônico ou conflitivo[61]. De uma perspectiva brasileira, a História Universal é tomada como o arranjo ideal da nação brasileira no conjunto das nações,

---

60 Francisco Adolfo de Varnhagen, *História do Brazil*, tomo II, primeira edição, p. V. Disponível em: http://www.brasiliana.usp.br/bbd/handle/1918/01818720#page/17/mode/1up.
61 Hiden White, *Meta-história: a imaginação histórica do século XIX*, São Paulo, Edusp,1992, p. 95.

mas também como o teatro de operações de guerra que nos afetam ou podem afetar diretamente.

*

Referimo-nos ao destaque que Varnhagen deu à agricultura rudimentar dos índios, especialmente tupis, frisando a importância da mandioca no seu sistema de vida, ainda que aponte a existência de outros alimentos, como o milho. Ele, que era grande erudito, e que resenhara a obra do padre João Daniel – *Tesouro Descoberto no máximo rio Amazonas* – nas páginas da *Revista do IHGB*, tendo mesmo organizado parte da sua publicação, deve ter formado, a partir desse texto, a convicção de que a mandioca estava ligada à pobreza civilizacional dos nossos índios, conforme exposto aqui ao tratarmos da obra do padre. O extraordinário é que Varnhagen tenha relacionado a mandioca com a *Pteris aquilina*, de tal sorte que o Novo Mundo se afigure, ao mesmo tempo, como ligado umbilicalmente à origem da civilização humana sendo uma expressão decadente sua. Nunca é demais recordar que essa foi a representação fixada por Buffon em sua obra, compreendendo a natureza e a humanidade americanas numa mesma e grande regressão.

Depois desse breve percurso sobre a concepção erudita relacionada com o milho, a mandioca e a discussão sobre origem e identidade brasileiras, convém mergulharmos noutro plano, relativo à produção e ao consumo efetivo do milho entre os brasileiros.

## Os guaranis e o enraizamento do milho na civilização brasileira

Ensina-nos hoje a arqueologia indígena que os diversos povos que formam esse contingente humano desenvolveram-

-se no médio Amazonas, onde se formaram as várias línguas, sendo todas aquelas da família linguística do tronco tupi da região do Guaporé, e o tronco tupi-guarani data de uns 5.000 anos, e da família tupi-guarani de aproximadamente 2.500 anos.[62] Esses índios guaranis migraram para o sul, pelo leste, próximos à cordilheira onde, muito provavelmente pela altura da Bolívia e do Acre, adotaram o milho e outros vegetais como alimento que levaram até o Paraguai, infletindo em direção ao mar, na altura de São Paulo, e descendo até o Uruguai e o norte da Argentina. Formou-se, então, um imenso território mbyá, onde também viviam os nandevás e kaiowas. Fontes como Antonio Ruiz de Montoya, no século XVII, ou Franz Muller, no final do XIX, são suficientes para evidenciar a antiguidade e persistência desses alimentos entre eles.[63]

Foi sobreposto a esse território que se desenvolveu a obra colonizadora a partir da Capitania de São Vicente e, depois, Capitania de São Paulo, até 1720, abarcando uma área vastíssima conquistada pelos bandeirantes, formando a chamada "Paulistânia", numa extensão calculada em 2.800.000 km² – maior do que a Amazônia de então ou do que o Nordeste atual.[64] Foi nesse espaço que, através dos séculos, desenvolveu-se

---

62 Arion Dall'Ignia Rodrigues, "A classificação do tronco linguistico tupi", *Revista de Antropologia*, vol. 12, n. 1 e 2, junho e dezembro de 1964, p. 103-104.

63 Antonio Ruiz de Montoya, Bocabulario de la lengua guarani (1640), Leipzing, B. G. Teubner, 1876; Franz Muller, *Etnogracia de los guarani del Alto Paraná*, Buenos Aires, Societas Verbi Divini, s.d.

64 Ver a respeito nosso estudo intitulado *A culinária caipira da Paulistânia. A história e as receitas de um modo antigo de comer* (São Paulo, Três Estrelas, 2018), escrita em parceria com Marcelo Correa Bastos.

e se estabilizou a chamada "cozinha caipira" cujos principais ingredientes foram herdados diretamente dos guaranis, como: milho, abóboras, amendoim, batatas-doces, cará, feijões etc. A cozinha caipira desenvolveu-se especialmente nos sítios, ou pequenas propriedades voltadas essencialmente para a subsistência, que surgiram ao longo dos caminhos de internação bandeirante e, depois do esgotamento das minas, se espalharam pelo vasto centro-oeste, tornando-se característica de Goiás, Mato Grosso, Minas Gerais, Paraná, Santa Catarina e oeste do Rio Grande do Sul, além de São Paulo onde, pioneiramente, se formou no Vale do Paraíba. Na descrição desses sítios primitivos, escreveu o Morgado de Mateus àquele que seria depois o marquês de Pombal:

> Os mais pobres fazem um sítio, isto é, uma casa de canas barreada de terra coberta de palha ao pé de um morro e junto de um rio, na qual há por alfaias um cachimbo, uma espingarda e duas redes, uma em que dormem de noite e de tarde, e outra em que pescam desta; e da espingarda comem o que caçam [...]. No morro roçam quanto basta para plantar meia dúzia de bananas e um prato de milho; este sítio não é permanente, [de] tanto que roçam aquele mato, ou se enfadam de viver ali, ou cometem algum crime, põem o fogo à choupana e marcham para onde lhes parece.[65]

Ora, apesar das diretrizes maiores do sistema colonial, com a produção e o comércio de *commodities*, formou-se nesses espaços um amplo sistema de economia de subsistência,

---

65 Morgado de Mateus, *Carta ao Conde de Oeiras*, 13 dez. 1766.

baseado em pequenas propriedades familiares, onde a proximidade alimentar com a tradição guarani persistiu de forma notável e duradoura. Quando lemos os relatos de viajantes que andaram pelo interior dessa grande parcela do território, como nos livros de Saint-Hilaire, reconhecemos nos hábitos dos caipiras com os quais se relacionou a permanência dos cultivos da terra, conforme faziam os índios. Até mesmo as técnicas de abertura de novos roçados, como a coivara, se mantiveram apesar da "irracionalidade" que os colonizadores viam nela. No entanto, a cultura do milho se manteve em determinados espaços como preferência alimentar dos caboclos, opondo-se às preferências pela mandioca em outros espaços. "Ao norte da região do Vale do Jequitinhonha, em Minas," – escreveu Saint-Hilaire – a preferência pela farinha de mandioca se dá porque "afirmam que o milho produz neles moléstias de pele, tais como a sarna, a lepra e a elefantíase, e aqueles mesmos que o têm em abundância não o empregam senão para a alimentação dos burros, dos porcos e das galinhas".[66] Já no sul de Minas, a preferência seria pela farinha de milho. "Planta-se [em Aiuruoca] pouca mandioca, porque se prefere, e com razão, à farinha deste rizoma, a do milho, mais nutriente e de melhor paladar".[67] Em outras regiões, como nas encostas da Serra do Mar, proximamente à cidade de São Paulo, outro autor[68] já havia notado essa dualidade de preferências, apontando mesmo a presença de imigrantes alemães

---

66 Saint-Hilaire, *Viagem pelas províncias do Rio de Janeiro a Minas Gerais*, 1816.
67 Saint-Hilaire, *Segunda viagem do Rio de Janeiro a Minas Gerais e a São Paulo*, 1822.
68 Carlos Borges Schimit, *O milho e o monjolo*, Editora Ibge, 1987.

que, de modo indiferente, consumiam ambas as farinhas: de mandioca e de milho. Há, portanto, uma geografia do milho, que confinamos nos contornos da Paulistânia, onde, historicamente, se observa que "a alimentação usual dos habitantes é a seguinte: para o almoço, uma variedade de leguminosa chamada feijão cozido, e depois misturado com farinha de milho; para o jantar, feijão cozido com carne de porco gordo, e algumas folhas de repolho, uma espécie de pirão feito com caldo de carne de porco derramado num prato de farinha sendo comido com a mão, que é muito apreciado para a ceia, umas pobres hortaliças também cozinhadas com porco".[69]

Mesmo o porco, assim como a galinha e outras criações do sítio, são, essencialmente, produtos da cultura do milho. Como diz uma analista, "trata-se de um importante modo de resistência construído a partir deste cereal, possibilitando-nos pensar a formação cultural brasileira por meio da alimentação".[70] E se quisermos expressar essa centralidade do milho no sítio, em termos gráficos, temos:

---

69 John Mawe, *Viagem ao interior do Brasil*.

70 Myrian Melchior, "Memória e resistência: argumentos para a valorização de uma cultura do milho particularmente brasileira", in *Gastronomia, Cultura e Memória. Por uma cultura brasileira do milho*, Rio de Janeiro, Organização de Myriam Melchior – Rio de Janeiro, Folio Digital, Letra e Imagem, 2017, p. 72.

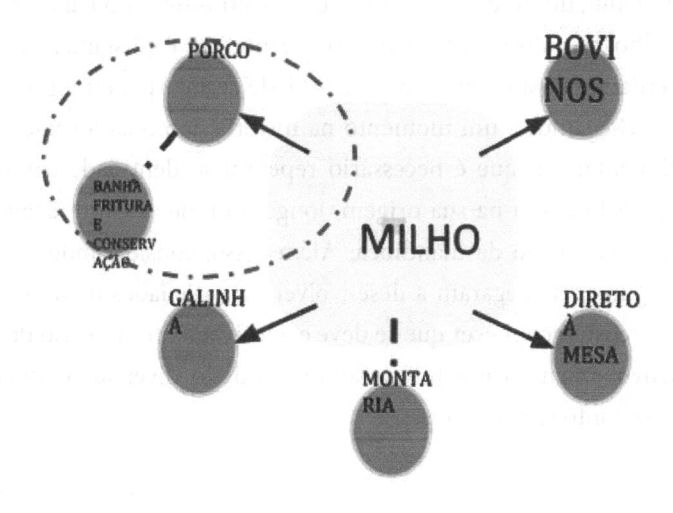

Sobre a arqueologia, a arqueobotânica
e a história da mandioca e do milho no brasil

```
         PORCO              BOVI
                            NOS
   BANHA
   FRITURA
   E
   CONSERV         MILHO
   AÇÃO
         GALINH              DIRETO
         A                   À
                             MESA
                MONTA
                RIA
```

Suas utilidades são enormes, como se vê, articulando e dando sentido ao modo de se produzir a vida humana nos sítios. Tudo o que é importante está conectado a ele – da farinha de milho, que vai direto à mesa, ao porco e seu principal derivado, a banha. E num segundo círculo de interdependência, temos uma série de fluxos, mantidos pela convivência no sítio: do leite se faz o queijo, cujo soro alimenta os porcos; das sobras da horta alimentam-se galinhas, assim como das sobras da cozinha dos proprietários. Homem, milho, galinha e porco, assim como horta e pomar são os elementos constitutivos da dieta caipira, inconcebível sem o milho. Não é à toa que Sergio Buarque de Holanda pode chamar a essa "civilização do milho".

Desse modo, em traços rápidos, procuramos delinear o quadro no qual se pode considerar a cultura brasileira, do ponto de vista alimentar, como igualmente dependente do milho e da mandioca e, para tanto, foi preciso considerar o discurso erudito sobre a mandioca como uma cortina de fumaça que impediu, durante séculos, que se visse atrás dela a pujança do milho na cultura caipira que se formou na Paulistânia. Se é verdade que alimentação e identidade se interpenetram, então chegamos a um momento na história da nossa formação alimentar em que é necessário repensar a identidade como diversificada já na sua origem, longe do monolitismo idealizado em torno da mandioca. Além disso, considerando que os guaranis chegaram a desenvolver 12 variedades de milho, é forçoso reconhecer que se deve exclusivamente ao nosso desenvolvimento capitalista a supressão dessa diversidade que, hoje, tanto lamentamos.

# O milho sertão adentro

✶

*Rafaela Basso*[1]

A relação dos primeiros colonos com o sertão tem início tão logo eles começaram a aportar em terras brasileiras, no século XVI. Com ou sem o financiamento da Coroa Portuguesa, mas estimulados pelas conquistas dos espanhóis na parte ocidental da América do Sul, eles se embrenharam por terras distantes e remotas conhecidas por aqueles tempos como sertões, em busca de ouro e também de índios.[2] A trilha dos primeiros veios auríferos trouxe os tropeiros que passaram a ser responsáveis pelo comércio de gado e mercadorias com as vilas que foram sendo criadas nas antigas rotas que levavam às minas.

---

1 Diretora de Gestão e Preservação de Documentos e Informação no Arquivo Central da Universidade Estadual de Campinas. Doutora em História pela Universidade Estadual de Campinas. Possui graduação em História (2008) e mestrado em História pela Universidade Estadual de Campinas (2012). É autora do livro *A Cultura Alimentar Paulista: Uma Civilização do Milho (1650-1750)* pela editora Alameda, 2014. Foi professora no curso de pós-graduação do SENAC-SP, *Gastronomia: História e Cultura* e no Curso de Cozinha Avançada.

2 O termo sertão designava, portanto, toda a dimensão interiorana do território luso-americano nos primeiros tempos, ou seja, todas as regiões distantes das zonas de ocupação mais próximas ao litoral.

E, em todo esse capítulo de nossa história andeja, temos que mencionar o lugar de destaque das gentes de São Paulo.

De fato, a íntima convivência com o sertão marcou a vida dos paulistas, a ponto de diferenciar a região de muitas outras da América Portuguesa no período colonial. Além da mobilidade advinda das expedições ao sertão, São Paulo apresentava, de acordo com alguns representantes da historiografia, entre os séculos XVI e XVII outras características que garantiam certo colorido diferenciado à região como a economia de abastecimento e o apresamento indígena.[3] Segundo Sergio Buarque de Holanda, a vocação paulista estaria no caminho que convida ao movimento e não no sedentarismo característico dos indivíduos que viviam nos domínios das grandes propriedades rurais.[4]

Embora por muito tempo tenha-se acreditado que as atividades sertanistas estivessem condicionadas em grande parte à pobreza da região, estudos mais recentes sobre a economia colonial paulista têm demonstrado que elas se ligavam às diferentes alternativas econômicas oferecidas àqueles moradores, especialmente a busca por indígenas para trabalhar na lavoura de subsistência, atividade de importância vital para a economia da região.[5]

---

3 Rafaela Basso, *A cultura alimentar paulista: uma civilização do milho? (1650-1750)*, São Paulo, Alameda, 2014. p.17.

4 Sérgio Buarque de Holanda, *Monções*, 3ª ed., São Paulo, Editora Brasiliense, 1990. p.16.

5 Ver John Manuel Monteiro. *Negros da terra: índios e bandeirantes nas origens de São Paulo*. São Paulo: Companhia das Letras, 1994. Ilana Blaj. *A trama das tensões: o processo de mercantilização de São Paulo colonial (1681-1721)*. São Paulo: Humanitas/Fapesp, 2002. Milena Fernandes Maranho. *A opulência relativizada: níveis de vida em São Paulo do século XVII (1648-1682)*. Bauru: EDUSC, 2010.

Para alcançar esse objetivo, ainda no século XVI, os paulistas lançaram-se em expedições rumo ao sertão, a fim de procurar mão de obra abundante para ser empregada não só na produção, mas também no transporte de excedentes agrícolas para outras partes da colônia. Porém, a partir da segunda metade dos Seiscentos, as dificuldades de acesso à mão de obra indígena tiveram reflexos para os empreendimentos sertanistas que passaram a ser, como nos mostra John Monteiro, de pequeno porte e com destino a regiões cada vez mais distantes, articulando-se a "dois projetos mais amplos envolvendo a própria Coroa portuguesa: a repressão de grupos indígenas rebelados no norte da Colônia e a busca de pedras e metais preciosos".[6]

Embora a produção de alimentos tenha sido o nervo da economia da região e motivado, em grande parte, as expedições sertanistas, nem é preciso que se diga que os paulistas sempre aproveitaram delas para promover a procura por metais preciosos. E de fato, as muitas tentativas acabaram tendo êxito. No último quartel dos Seiscentos, quando Fernão Dias Paes retornou de sua grandiosa "epopeia" ao sertão mineiro com algumas pedras semipreciosas, deu-se início ao que podemos denominar de "a era dos descobrimentos" de metais preciosos no Brasil e o consequente ciclo da mineração colonial.

---

6   O segundo projeto acabou levando, entre os anos de 1693-1695, ao descobrimento de ouro em Minas Gerais, em 1718 no Mato Grosso e, finalmente, em 1725 em Goiás. John Manuel Monteiro, verbete *Bandeiras*, in Maria Beatriz Nizza da Silva, (coord.) *Dicionário da História da Colonização Portuguesa no Brasil*Lisboa, São Paulo, Editora Verbo 1994.

Neste contexto, ao passo que as expedições se dirigiam às regiões interiorizadas do Brasil, o conhecimento nativo foi se tornando cada vez mais importante para aqueles que iam e vinham do sertão. De fato, desde o início, os paulistas necessitavam do auxílio indígena, não só no suprimento das necessidades estratégicas, como a captura de cativos, mas especialmente na sobrevivência cotidiana, na procura de alimentos, de água e de plantas medicinais.

Apesar de a contribuição indígena ter marcado a cultura paulista como um todo – tanto no Planalto paulista como nas zonas que surgiram da expansão de sua sociedade para o interior –, é no espaço do sertão em que visualizamos a maior contribuição dos nativos para a sobrevivência e o estabelecimento dos europeus nos primórdios de nossa formação social.[7] Longe da estabilidade das práticas domésticas, acreditamos que as trocas culturais, bem como as apropriações de elementos da cultura alimentar nativa, devido à precariedade e à necessidade da vida em movimento, teriam sido mais frequentes, além do que, nessas ocasiões, haveria uma maior convivência com esses povos.

Para aqueles que se enveredavam pelo sertão, os conhecimentos indígenas a respeito da natureza e geografia foram fundamentais, sobretudo, se levarmos em consideração a falta de experiência dos primeiros bandeirantes.[8] No plano alimentar, os paulistas estavam subordinados pela força da sobrevivência aos produtos, utensílios e técnicas autóctones. Além disso, a caça, a pesca, a coleta e a pilhagem foram algumas das manei-

---

7   Rafaela Basso, op.cit., p.115.
8   *Idem*, p. 115-117.

ras indígenas de que os paulistas se apropriaram para saciar a fome em sua faina sertanista.

Quando nenhuma dessas alternativas se mostrava possível, eles comiam animais que, a princípio, podiam parecer repugnantes ao paladar europeu, tais como cobras, lagartos, formigas etc. O relato de um anônimo, presente no Códice Costa Matoso, demonstrou como a caça era um hábito indígena muito utilizado no sustento dos viajantes. Vejamos:

> (...) sendo a matalotagem destes homens pólvora e chumbo, passando a vida de montarias, a saber, todo o gênero de caças: antas, veados, macacos, quatis, onças, capivaras, cervos; e aves: jacus gaviões, pombas e outros muitos pássaros; e muitas vezes cobras, lagartos, formigas e uns sapinhos que dão nas árvores, e, outrossim, mais uns bichos muito alvos, que se criam em taquaras e em paus pobres.[9]

O consumo de carnes de caça e também dos peixes foi uma alternativa para substituir a carne bovina que, devido à incompatibilidade de se estabelecer a atividade pecuarista no contexto de vida transitória, dificilmente integraria os farnéis dos bandeirantes. Não podemos nos esquecer de que muitas expedições demoravam meses ou até anos sertão adentro, vi-

---

9 "Notícias do que ouvi sobre o princípio destas Minas". in *Códice Costa Matoso*.: *coleção das notícias dos primeiros descobrimentos das minas na América que fez o doutor Caetano da Costa Matoso e vários papéi*s. Luciano Raposo de Almeida Figueiredo; Maria Verônica Campos, (coord.)Belo Horizonte: Fundação João Pinheiro, Centro de Estudos Históricos e Culturais, 1999. p. 216.

vendo com o que a natureza provinha, ou do assalto de algumas roças de gentios que eram encontradas no caminho. Mas, para não ficar sujeito ao que o meio oferecia, os sertanistas passaram a cultivar suas próprias roças para o sustento, tão logo partissem para o sertão. Isso garantiria, conforme relata um bandeirante rumo às minas do Cuiabá, uma maior abundância de mantimento nos caminhos e tornava a viagem mais tranquila.[10] Dos alimentos cultivados destacaram-se na documentação sobre a mobilidade dos paulistas tanto o milho quanto o feijão. Ambos se adaptavam à mobilidade das gentes de São Paulo, pois eram fáceis de transportar, sem perder seu poder germinativo e podiam ser levados em grãos, ocupando pouco espaço na matalotagem. Todavia é impossível não mencionar a preponderância do primeiro em relação ao segundo, não apenas nas incursões, mas também na ocupação de novos territórios sertão adentro.

Diferente do que acontecia na estabilidade das práticas domésticas do Planalto Paulista, onde o milho estaria longe de ser considerado a lavoura exclusiva, sendo por muito tempo desprezado pelos colonizadores e consumido apenas em momentos de carestia, na mobilidade e nas zonas de expansão paulista, ele foi a lavoura predominante, o verdadeiro pão da terra.

A indispensabilidade do milho e de seus produtos na expansão bandeirante estava ligada à sua adequação à mobilidade que essas atividades requeriam: alimento fácil de trans-

---

10 "Entrada no Rio Grande que vem das Minas Gerais, e com os mais, que nele entram, se une ao Paraguai, e formam ambos o Rio da Prata junto a Buenos Aires". in *Relatos Monçoeiros*. Introdução, coletânea e notas de Afonso E. Taunay. Belo Horizonte, Editora Itatiaia, São Paulo: Editora da Universidade de São Paulo, 198, p.160.

portar, em distâncias consideráveis, demandava pouco tempo de cultivo e mesmo assim não deixava de ser substancioso. Os grãos podiam ser plantados a qualquer momento, começando a germinar em um período curto de três meses.[11] Temos que levar em consideração que os primeiros colonos que se aventuraram nessas empreitadas estavam constantemente sujeitos a carestia de mantimentos, como podemos encontrar no relato sobre a ocupação das Minas Gerais, feito pelo mestre de campo José Rebello Perdigão, no qual se aponta como uma das principais consequências da desenfreada corrida para minas o inflacionamento dos preços dos alimentos: "e foi tanta a gente, que concorreu que no ano de 1697, valeu o alqueire de milho sessenta e quatro oitavas, e o mais a proporção".[12] Não é mera coincidência que o sertanista utilize o milho como parâmetro explicativo: ao reinar absoluto nessas ocasiões, ele seria o primeiro a ser afetado pela alta dos preços.

Em um contexto de vida provisória, como era dos bandeirantes, a precariedade, o inflacionamento e a falta de um mercado abastecedor de alimentos explicariam o uso corrente e cotidiano de um alimento pouco dispendioso e tão nutritivo. A importância chega a tal ponto que ele passa a ser identificado nas crônicas de época apenas como *mantimento*, tal qual sugeriram as informações contidas no relato sobre a

---

11 Rafaela Basso, op.cit., p.65.
12 "Notícia da 3ª prática que dá ao R.P. Diogo Soares o mestre de campo José Rebello Perdigão, sobre os descobrimentos das Minas Gerais do Ouro". in *Relatos sertanistas*. Introdução, coletânea e notas de Afonso E. Taunay, Belo Horizonte, Editora Itatiaia; São Paulo, Editora da Universidade de São Paulo, 1981, p. 173.

viagem que o governador Rodrigo César de Meneses fez para as minas do Cuiabá:

> Em 7,8, 9, 10, 11 se navegou da mesma sorte partindo-se e arranchando-se as mesmas horas, tomando-se sempre nestas viagens algumas horas de descanso (...) e no 1º dia se expedia um próprio ao *Aricá* a comprar *milhos* e nos dias seguintes se continuou a viagem sem *mantimento* e só com a esperança de chegar a ele: no último dia se chegou à roça de Felipe de Campos, onde se acharam cem mãos de *mantimentos* a duas oitavas a mão, que S. Exc.a mandou logo repartir por toda a tropa pela livrar de padecer de tão extrema necessidade, pois se achavam já os brancos e negros muito debilitados e fracos.[13]

No trecho acima, além de verificarmos que o termo *mantimento* faz referência direta ao milho, vemos que sua avaliação é feita em mãos, que era a unidade de medida utilizada para o cereal nativo. O *status* de *mantimento* é indicativo de sua indispensabilidade no sustento dos sertanistas. Sua falta poderia ser sinônimo de fome e a principal causa do fracasso daquelas expedições. Fato que preocupava as autoridades:

---

13 "Notícia da 6ª prática e relação verdadeira da derrota e viagem, que fez da cidade de São Paulo para as minas do Cuiabá o Exmo sr. Rodrigo Cesar de Meneses, governador e capitão general da Capitania de São Paulo e suas minas descobertas no tempo do seu governo, e nele mesmo estando estabelecidas". in *Relatos monçoeiros*. op. cit. p. 115. Grifo nosso.

> Houve também falta de milhos que é o sustento de brancos e negros porque secaram as roças e plantas e foi necessário replantá-las achamos o alqueire do mantimento a 14 oitavas, o feijão a 20, a farinha de mantimento a 20 (...) e teria passado a mais senão chovesse alguns dias e cobrassem algum vigor os milhos o único remédio e regalo destas Minas (...).[14]

Essa preocupação com a alimentação não era exagero e tinha uma razão de ser: naqueles tempos era comum a notícia de que muitos sertanistas abortavam suas expedições por medo de padecer com a falta ou com a inflação dos mantimentos. Para evitar que situações como essas ocorressem, a Coroa Portuguesa criou, em 13 de agosto de 1679, o Regimento Dom Rodrigo de Castelo Branco que trazia uma série de medidas com o objetivo de cuidar dos aspectos organizativos das expedições, em especial aqueles relacionados ao abastecimento.[15] A proposta era garantir que o milho, bem como outros produtos estivessem sempre acessíveis nas rotas que conduziam ao sertão. A norma obrigava os expedicionários a plantar roças itinerantes, tal como visualizamos na seguinte disposição: "Toda pessoa de qualquer qualidade que seja que for ao sertão a descobrimentos será obrigado a levar milho, feijão e mandioca, para poder fazer plantas e deixá-las plantadas, porque com esta diligência se poderá penetrar os sertões, que sem isso é impossível."[16]

---

14 Idem, p. 117.
15 Rafaela Basso, op.cit., p.54.
16 Pedro Taques de Almeida Paes Leme, *Informação sobre as minas de São Paulo* (1772). São Paulo: Melhoramentos, (19 -?), p.130.

Embora notemos a presença dos três principais alimentos nativos nas disposições do Regimento, acreditamos que o estabelecimento das roças de feijão e, sobretudo, de milho se mostrou mais viável naquele momento, quando a carência e a pobreza eram grandes. Isso porque a mandioca além de ser muito dispendiosa e de difícil transporte, demorava no mínimo um ano para ser colhida. Tal fato comprometia sua produção em larga escala, sobretudo em comparação com as características "milagrosas" do milho.

O que se pode afirmar com bastante convicção é que os colonos parecem ter prontamente acatado as regras estabelecidas pelas autoridades régias já que desenvolveram toda uma logística para o funcionamento das expedições que incluía, por exemplo, a partida de comboios algum tempo antes para plantar roças no caminho. Assim fez Estevão Ribeiro Garcia, conforme vemos em seu inventário feito nas minas. Para garantir o sustento da sua jornada para o Mato Grosso, Estevão mandou, com antecedência, alguns homens ao sertão com oito pratos de milho para lançar roça no caminho.[17]

A obrigatoriedade da Coroa em garantir o acesso da população aos gêneros alimentares de primeira necessidade justifica a grande quantidade de cartas endereçadas às autoridades régias, com o intuito de angariar financiamento para as expedições. O capitão-general, Dom Luiz Antônio de Sousa, por exemplo, no ano de 1768, solicitou apoio para sua empreitada rumo ao des-

---

17 Inventário de Estevão Ribeiro Garcia (1736). *Inventários e Testamentos*. Papéis que pertencem ao 1° cartório de órfãos da capital. vol.26. São Paulo: Typographia Piratininga; Arquivo do Estado de São Paulo, 1920. p. 375.

cobrimento do Tibagy.[18] Para o sustento de seis meses, tempo em que uma de suas tropas ficaria no sertão, o capitão listou cerca de 3.000 alqueires de farinha de milho, além de 300 alqueires de milho em grãos que seriam plantados ao longo do caminho.[19] Embora, em quantidade menor, também tenham sido arrolados o feijão e o toucinho – alimentos que se constituiriam no afamado *complexo do milho paulista* – e que complementariam o passadio trivial desta e de tantas outras expedições que partiram rumo aos inóspitos sertões da América Portuguesa.

O consumo de feijão e do toucinho, associado ao milho, aparece frequentemente na provisão bandeirista. Toda a cozinha nascida na mobilidade paulista, seja nos pousos, seja nas vilas recém-estabelecidas, utilizavam esses ingredientes de forma recorrente. O feijão, tal como o milho, era uma cultura autóctone, itinerante e portátil; dispensava maiores cuidados, apresentava pouco tempo de cultivo e possuía grande durabilidade, ou seja, uma cultura alimentar fácil e pouco dispendiosa, fundamental para os desafios cotidianos de sobrevivência no sertão. Ao que tudo indica essa seria a razão pela qual, muito antes da chegada dos europeus, ele ter sido cultivado, entre os povos indígenas, em associação com o milho. Inclusive, ele era um complemento na dieta dos guaranis, com os quais os paulistas mantiveram intenso contato desde o primeiro século da colonização. Portanto, sua presença disseminada no farnel dos viajantes, além de ser um indicativo da permanência das

---

18 Rafaela Basso, op. cit., p. 121.
19 "Sobre o grande projeto e descobrimento do Tibagy". in *Documentos interessantes para a história e costumes de São Paulo.* vol.19- *Correspondência do capitão-general Dom Luiz Antonio de Sousa. (1767-1770),* op. cit., p. 142-143.

tradições indígenas na mobilidade paulista, pode ser explicada pela simplicidade e rusticidade dessa cultura alimentar.

Assim, na matalotagem carregada pelos índios ou no lombo de burros que tinham como destino os núcleos mineratórios, era possível encontrar algumas variedades de feijões juntamente com milho. Ao descrever a viagem que fez às minas de Cuiabá, no ano de 1727, o capitão João Antônio Cabral de Mello nos mostra como esses gêneros adquiriam um papel de destaque frente à vida andeja dos paulistas. Isso fez com que muitos produtores se instalassem nos caminhos que conduziam às regiões mineradoras para vendê-los aos expedicionários. Segundo consta no relato do capitão, nas proximidades do rio Piracicaba, por exemplo, encontravam-se "dois moradores com suas roças, em que colhem milho e feijão, e têm criações de porcos e galinhas, que vendem aos cuiabanos".[20]

Ambos os alimentos, o milho e o feijão, encontravam na carne do porco o complemento ideal. De fácil acesso, ela temperava os pratos feitos quase que exclusivamente à base de água e desprovidos de qualquer tempero.[21] Essa tríade consti-

20 "Notícias práticas das minas do Cuiabá e Goiases, na Capitania de S.Paulo e Cuiabá, que dá ao rev. Padre Diogo Juares, o capitão João Antônio Cabral Camello, sobre a viagem que fez às minas do Cuiabá no ano de 1727". in *Relatos monçoeiros*. op. cit. p. 119.

21 Neste ponto é importante lembrar como a carestia do sal, muito comum em todas as regiões da América Portuguesa, acabou repercutindo nos hábitos alimentares de seus moradores e pode explicar, em partes, o uso que o milho e os produtos de seu complexo tiveram naqueles tempos, já que não precisavam do sal nem no preparo e tampouco na conservação. O sal nos primeiros séculos era um monopólio da Coroa cujo fornecimento envolvia toda uma rede de atravessadores, o que acabava por elevar vertiginosamente seu preço.

tuiu-se na base da dieta daqueles que circulavam pelos sertões de Minas e Centro-Oeste, à época das bandeiras e monções. A predileção pelo porco nessas localidades tem relação com a herança portuguesa baseada no consumo da carne de animais de pequeno porte, de miúdos e embutidos.[22] Além disso, outro motivo que explicaria o uso generalizado que ela teria nas áreas recém-descobertas deve ser buscado na falta de acesso à carne bovina, cujo preço alcançava valores extremamente altos devido à dificuldade de se estabelecer a pecuária por aquela época.[23] Os suínos, por sua vez, podiam ser facilmente criados em qualquer pequena propriedade rural, não precisando para sua alimentação nada além de restos de comida e, especialmente, de milho.[24]

Todos esses fatores contribuíram para que a carne fornecida pelos suínos se tornasse item obrigatório no farnel daqueles que se aventuravam pelo sertão e se firmasse nos hábitos alimentares das regiões que se formaram como fruto da expansão paulista, como os atuais estados de Goiás, Minas Gerais, Mato Grosso e Mato Grosso do Sul e até mesmo Paraná. Por isso, nos relatos sobre o início da ocupação das Minas Gerais, por exemplo, o toucinho aparece entre os produtos mais con-

---

22 Carlos Alberto Dória, *A formação da culinária brasileira*, São Paulo: Publifolha, 2009, p. 35-36.
23 Contribuía para esse quadro o problema da conservação deste último produto, o qual dependia muito do sal. A carne de porco, por sua vez, tal como a de qualquer animal de pequeno porte, além de poder ser consumida fresca, dispensava o uso do sal em sua conservação, já que esta podia ser feita em sua própria banha.
24 Rafaela Basso, op. cit., p.147.

sumidos.²⁵ Antonil, escrevendo no ano de 1711, nos deixou um valioso depoimento não só sobre a presença dos porcos, como também dos galináceos na dieta nos caminhos rumo às Gerais:"(...) acha-se criação de porcos domésticos, galinhas e frangões, que vendem por alto preço aos passageiros, levantando-o tanto mais quanto é maior a necessidade dos que passam. E daí vem o dizerem que todo o que passou a serra da Mantiqueira aí deixou dependurada ou sepultada a consciência."²⁶

Esse seria o motivo de um dos pratos mais consumidos entre os sertanistas e tropeiros, o virado à paulista, levar em seu preparo farinha de milho, feijão e toucinho. Como cada prato tem sua história, no caso do virado, como em tantos outros pratos feitos naquele contexto, a sua origem remonta à vida andeja dos colonizadores que exigia uma comida passível de ser preparada a qualquer momento e que fosse ao mesmo tempo substanciosa e durável. A presença do toucinho, do feijão e da farinha de milho deu origem a outro prato muito semelhante ao virado à paulista: o feijão tropeiro. Tal passadio era preparado com feijão cozido, à maneira indígena, quase sem caldo, misturado a um pouquinho de torresmo e à farinha

---

25 A despeito da banalidade do consumo da carne de porco entre os paulistas, tal como se sucedeu com os demais gêneros alimentares, ela também sofreu um hiperinflacionamento, após a descoberta considerável dos veios auríferos, nas Gerais, a partir do final do século XVII. A libra de toucinho podia chegar a custar uma oitava e meia de ouro. "Notícia do que ouvi sobre o principio dessas Minas" in *Códice Costa Matoso*, op. cit., p. 218.

26 André João Antonil, *Cultura e opulência do Brasil (1711)*, São Paulo: Companhia Editora Nacional, 1967, p.183.

de milho.²⁷ Também podia ser feito de farinha de mandioca, se houvesse. Quando os sertanistas tinham mais provisões podiam acrescentar linguiça, alho, cebola e couve, entre outros temperos, acompanhando farofa e carne-seca. Neste sentido, não é à toa que esses ingredientes são marcantes nas tradições culinárias das regiões acima citadas até hoje em dia, tornando-se quase que emblemáticos de suas tradições culinárias. Seja como for, a presença da carne de porco e de seus derivados, como o toucinho e a linguiça, complementando a dieta daqueles indivíduos, é exemplificativa de como, mesmo na vida errante, os colonos de São Paulo buscavam reproduzir os padrões alimentares europeus, ajustando-os obrigatoriamente à disponibilidade e à oferta dos gêneros alimentícios costumeiramente utilizados.

Mas, apesar de nem sempre haver muitas opções para os sertanistas – a não ser recorrer aos hábitos alimentares das populações indígenas –, com o passar do tempo, é possível perceber algumas modificações nesse panorama, pois mesmo nas lonjuras do sertão, os colonos buscavam manter-se fiéis aos hábitos que tinham em suas moradas das vilas, principalmente os de origem europeia. E isso teve repercussão nos diferentes usos dados ao milho na cozinha andeja.

Embora no sertão, como se observou, os hábitos estivessem mais pautados por práticas e alimentos locais, isso não evitou que o repertório indígena fosse frequentemente reela-

---

27 Eduardo Frieiro, *Feijão, angu e couve: ensaio sobre a comida dos mineiros*, Belo Horizonte: Itatiaia; São Paulo: Editorada USP, 1982, p.130.

borado e reinventado pelos portugueses, que não deixaram de acrescentar aos produtos autóctones sua memória gustativa.

A despeito da banalidade do milho nos espaços abertos dos sertões, ele foi alvo de um intenso trabalho de invenção cultural, assumindo diferentes formas de preparo e consumo, que nem sempre condiziam com aqueles ensinados pelos índios.[28] Do legado desses últimos para os sertanistas, se manteve o consumo do milho assado em espiga e cozido, que frequentemente foram as únicas opções de sustento. Ambos, além de não requererem quase nenhum utensílio ou mesmo "tecnologia" para o preparo, atendiam à constante mobilidade exigida nas andanças pelo interior.

Um anônimo daquela época chama a atenção no Códice Costa Matoso para a frequência com que esses dois preparos do milho eram comuns na área de influência bandeirante: "enquanto verde, muito se come assado e da sua espiga, ainda em leite, se tira o grão; e socado e pilão, do caldo cozido e um tacho, se fazem umas papas."[29] Essa documentação ainda nos revela como nos primórdios da ocupação das regiões mineradoras tais modos de preparo se mantiveram predominantemente nativos, o que pode ser exemplificado pelas referências aos pilões, às trempes e aos fornos de tucuruva encontrados nos relatos sertanistas dos séculos XVII e XVIII.[30] A presen-

---

28  Rafaela Basso, op. cit., p.142.
29  "Notícia de muitas comidas que se fazem de milho." in *Códice Costa Matoso*. op. cit., p. 785.
30  De acordo com Paula Pinto e Silva, este fogão se caracterizava "pela disposição triangular de três pedras ao chão, serviu de base para a cozinha do mameluco paulista em suas caminhadas de exploração e povoamento" in SILVA, Paula Pinto e. *Entre tampas e panelas:*

ça quase obrigatória desses apetrechos nos comboios indica a importância da técnica do assado na vida andeja dos paulistas.

Já o milho cozido ganhou sua melhor forma de expressão nas paragens através da canjica. Tal prato não precisava para o seu preparo nada além de milho, água e um tacho, como um contemporâneo da época nos dá notícia: "Consta de milho grosso de tal sorte quebrado em um pilão, que tirando-lhe a casca, e o olho fique mais quase inteiro. É manjar tão puro e simples que além de água, em que se coze, nem sal se mistura. Finalmente é sustento próprio de pobres, pois só a pobreza dos índios e a falta de sal por aquelas partes podia ser os inventores de tão saboroso manjar."[31]

O uso disseminado desse prato, bem como de tantos outros de milho, ficou muito associado aos paulistas pela facilidade de seu preparo e por prescindir do sal, que por aqueles tempos era uma mercadoria de luxo, ainda mais nas regiões assentadas nas rotas para as minas, onde o hiperinflacionamento dos alimentos foi regra nos primeiros tempos. A canjica veio a ter um papel de destaque na dieta alimentar das gentes de São Paulo e podemos supor que isso se deve à semelhança que ela mantinha com as já conhecidas sopas e papas, tão corriqueiras na cozinha do Velho Mundo.[32]

Se em tempos de precariedade a canjica grossa feita apenas com água era o trivial, quando a situação melhorava, o prato podia receber outros incrementos – como cebola,

---

*por uma etnografia da cozinha do Brasil*. Dissertação de mestrado. Departamento de Antropologia-USP, São Paulo, 2001, p. 82.
31 Manoel da Fonseca, *Vida do venerável padre Belchior de Pontes da Companhia de Jesus (1752)*, São Paulo: Melhoramentos, s/d. p. 55.
32 Rafaela Basso, op.cit., p.138.

alho, salsa entre tantos outros ingredientes que melhoravam o seu status, criando novas formas de consumo. Na óptica de Câmara Cascudo, a culinária portuguesa deu novas formas a essa iguaria com a intromissão do "leite de coco ou de gado, e açúcar, enfeitada de canela em pó. Mereceu várias modificações, partindo do milho em grão cozido, com leite (de coco ou de gado) chamado pelo africano mungunzá, até o creme de milho, 'canjiquinha' ao curau de milho grosso, pilado, quase 'canjicão'(...)."[33]

Todas as variações desse prato revelam como, através da criatividade, os colonos buscavam rememorar suas tradições gustativas, reinventado e ressignificando seu repertório alimentar com os produtos que tinham em abundância em seu farnel ou nas suas dispensas. Ao lado da canjica, as papas feitas de caldo de milho socado no pilão, também apreendidas com os indígenas, encheram os olhos dos colonizadores, sendo por isso consumidas com grande assiduidade naquele contexto. É novamente o escritor do *Códice Costa Matoso* que nos chama a atenção para esse fato: "cozido em um tacho se fazem umas papas que imitam o manjar branco; é muito substancial."[34] Pelas semelhanças que mantinha com o manjar branco, prato muito estimado pelos portugueses, mesmo antes da colonização, não é difícil imaginar a razão. Com o tempo, a receita indígena também foi sendo modificada, com a introdução de ingredientes como leite, açúcar, ovos etc.

---

33 Luis da Câmara Cascudo, *História da alimentação no Brasil*, 3ªed. São Paulo: Global, 2004, p. 137.
34 "Notícia de muitas comidas que se fazem do milho". in *Códice Costa Matoso*, op. cit., p. 785.

Ao passo que os anos avançavam e esses expedicionários foram se sedentarizando ao longo das rotas, são visíveis as transformações em seus hábitos alimentares. O acesso a uma maior diversidade de produtos como o sal, o açúcar, bem como outros temperos que foram sendo aclimatados aos poucos, fez com que as receitas aprendidas com os indígenas se transformassem através da introdução de novos ingredientes, ao lado de sensíveis mudanças no seu modo de preparo. Destaca-se nesse ponto que a mudança mais significativa que os europeus empreenderam na maneira de preparar esse prato foi transformá-lo em uma receita doce.

De fato, a tradição da doçaria portuguesa, muito presente nas grandes propriedades rurais, também não deixou de marcar presença no sertão e fez do milho uma grande matéria-prima, exemplos claros são as quantidades de doces encontradas nos relatos de época, tais como bolos de milho, broas e outros quitutes que lembravam de perto os existentes no Reino.

Referindo-se à doçaria que acompanhou a colonização da região das Minas, o já citado anônimo do *Códice Costa Matoso* fala sobre a alcamonia ou pé-de-moleque que, segundo suas palavras, "se fazia da seguinte forma: farinha de milho misturada com melado e amendoim (de que se criam na terra, a casca como pinhões grandes e a vianda como milho grosso e o gosto de nozes) se fazem uns bolos(...)".[35]

Ou seja, o repertório culinário do milho foi se diversificando, como demonstrou o secretário do governador Rodrigo Cesar de Meneses em meados do século XVIII. Em viagem

---

35 "Notícia de muitas comidas que se fazem de milho". in *Códice Costa Matoso*, op. cit., p. 785.

às minas do Cuiabá, ele descreveu uma infinidade de pratos feitos a partir do cereal nativo, tais como: "(...) cuscuz, arroz, bolos, biscoitos, pastéis de carne e peixe, pipocas *catimpoeira, aloja*, angu, farinha de cachorro, água ardente, vinagre e outras muito mais equipações que tem inventado a necessidade e necessitam de momento."[36]

Todas essas preparações culinárias revelam como nossos primeiros colonizadores reinventaram, mesmo nas lonjuras do sertão, os produtos que tinham disponíveis. No caso do milho, com o passar do tempo, o modo como ele era consumido pelos descentes de europeus passou a ser cada vez mais diferente dos indígenas. Isto é, havia uma hierarquia social no seu consumo. Nesse sentido, nas mais diferentes partes da colônia portuguesa, os indivíduos "procuravam explicitar as diferenças sociais através de vários meios, os alimentos, a forma de prepará-los e também de consumi-los sempre foram elementos de distinção social aliados à carestia e à dificuldade econômica em adquirir certos produtos".[37]

---

36 "Notícia da 6ª prática e relação verdadeira da derrota e viagem, que fez da cidade de São Paulo para as Minas do Cuiabá (...)" in *Relatos monçoeiros*. op. cit., p. 117. Grifo nosso. Tanto aloja (ou aluá) quanto a catimpuera consistiam em bebidas fermentadas à base de milho. A diferença básica entre elas era que a segunda se fabricava apenas da fermentação dos grãos cozidos do cereal, enquanto a primeira podia ser fabricada da fermentação tanto dos grãos quanto da farinha de milho propriamente dita.

37 Leila Mezan Algranti, "A hierarquia social e a doçaria luso-brasileira (séculos XVII ao XIX)". in *Revista da Sociedade Brasileira de Pesquisa Histórica*, Curitiba, n. 22, p. 27-47, 2003.

Assim, a introdução de um ingrediente novo, vindo do reino ou recentemente aclimatado poderia se apresentar como um marcador identitário ou social. No sertão, algumas formas de consumo do milho se mantiveram entre os indígenas ou foram associados a escravos ou até mesmo à comida de animais. É o caso do angu, confeccionado com farinha de milho moída (fubá). Esse prato, tal como a canjica e a papa, não requeria para o seu preparo nada além de farinha e água, como se encontra registrado no *Códice Costa Matoso*, o angu era "cozido em um tacho de água até secar; só se diferenciava da broa em ser esta cozida no forno e levar sal".[38]

Por levar o fubá em seu preparo – considerado por aqueles tempos um produto inferior – o angu ficou muito conhecido nas áreas mineratórias como comida de escravo e de animais. Isso se explicaria não só pela sua rusticidade, mas pela relação com as diferenças sociais existentes entre as duas principais preparações da farinha de milho, que seriam a farinha de milho pilada e a farinha de milho moída.[39] Não me parece, pois, ocioso concedermos algumas linhas a essa questão já que, entre os produtos de milho consumidos no contexto de vida provisória, sua farinha foi de longe a mais relevante.

Na verdade, podemos nos surpreender com a quantidade de menções do consumo das farinhas de milho nas expedições em direção às zonas de mineração, a partir do século XVIII. E isso tem uma razão de ser, explica-se pelo fato de que essa forma de consumo atenderia às necessidades do contingente

---
38 "Notícia de muitas comidas que se fazem de milho". in *Códice Costa Matoso*, op. cit., p. 785.
39 Rafaela Basso, op. cit., p. 185-187.

populacional que, em velocidade espantosa, se dirigia para o interior da América Portuguesa, devido à facilidade de produção, transporte e conservação desse produto. Se antes do final do século XVII, essa forma de preparo era pouco disseminada entre os primeiros colonos, após os descobrimentos auríferos, as demandas exigidas pelo povoamento de novas áreas trouxeram à tona a necessidade da utilização de uma nova forma de produção do milho que solucionasse as dificuldades encontradas nas zonas distantes e menos férteis do território da colônia lusa e que fosse ao mesmo tempo abundante, rápida e barata. E nesse sentido, a introdução de técnicas europeias em seu preparo, como o monjolo e o moinho, foi fundamental.

Não é preciso termos comido com os sertanistas para saber no que se constituía o seu farnel, uma vez que as fontes documentais acima levantadas nos permitem fazer algumas inferências. Sua leitura nos mostrou não só os alimentos, mas também formas de preparo e consumo mais corriqueiras naquele contexto, apontando como o milho reinou nos deslocamentos, nos pousos improvisados e, principalmente, na ocupação das regiões recém-descobertas pelos paulistas, a partir do século XVIII. Esse alimento atendeu como nenhum outro as necessidades imediatas de sobrevivência dos colonos que para lá partiram. Mas, com o passar do tempo, os usos que os colonizadores lhe deram certamente tornaram-se diferentes daqueles que ele possuía na cultura autóctone, do qual era originário. Assim, os pratos feitos com o milho passaram cada vez mais a ser relacionado a um paladar português, associado com a carne de porco, couve, cebolas, azeite, leite, sal e açúcar.

Assim, podemos afirmar que as diferentes formas culinárias que o milho assumiu nas longas jornadas sertão adentro apontam para a convivência e justaposição de estruturas alimentares distintas, como a indígena e a europeia. Embora a importância do milho para os nossos primeiros colonizadores estaria relacionada a um momento específico de sua história, onde as idas e vindas do sertão passaram a ser presença obrigatória no seu cotidiano, não podemos deixar de levar em consideração que a mobilidade teria deixado suas marcas em vários outros aspectos da sociedade que então se formava.

# Trajetória histórica das técnicas de transformação do milho

✴

*João Luiz Maximo da Silva*

Quando pensamos em questões relativas às técnicas da transformação do milho em nossa história, não se trata apenas de história dos equipamentos, mas, sobretudo, o trabalho humano e as diversas formas que assume ao longo da história, particularmente no período colonial quando da ocupação do território brasileiro a partir das experiências colonizadoras e seu contato com os índios que ocupavam esse território. Essa conformação definiu os hábitos alimentares de uma ampla região, onde o milho teve um papel central.

Ao contrário da imagem quase onipresente da mandioca como alimento principal dos grupos indígenas que habitavam o território brasileiro quando da chegada dos colonizadores portugueses, pesquisas mais recentes têm destacado a importância do milho em algumas regiões. Domesticado entre 10.000 e 7.000 a.C., o milho se espalhou por todo o continente americano. E teve grande importância na alimentação de grupos guaranis que ajudaram a difundir esse alimento por toda a América do Sul.[1] No século XVI (quando da chegada de portugueses e espanhóis ao continente), os guaranis já estavam estabelecidos no sul e sudeste do atual Brasil. Entre tantas referências à importância do milho para esses povos, destaca--se a existência de vários tipos de preparo e os muitos rituais, comprovando a centralidade desse cereal.

A área de ocorrência mais forte do milho no território brasileiro coincide com a região de expansão paulista com as expedições bandeirantes a partir dos séculos XVI e, principalmente, XVII. As peculiaridades desse tipo de ocupação (diferente do que aconteceu no litoral) demandaram um enfrentamento diferente com o território e com a alimentação. Sergio Buarque de Holanda tratou dessas peculiaridades em sua obra *Caminhos e Fronteiras* onde dedicou um capítulo à importância do milho nesse empreendimento.[2] A convivência com o índio (essencial nas armações que partiam para o sertão) fez com que o milho se impusesse como solução alimentar importante na área de expansão paulista. O trato com o milho foi aprendido com os indígenas e adaptado pelos colonos portugueses no decorrer da ocupação do território. É esse processo que pretendemos abordar.

Buscamos compreender as técnicas de transformação do milho em território brasileiro a partir da historiografia da utilização do milho desde antes da chegada dos colonizadores portugueses. Como já vimos, a domesticação e aproveita-

---

1 Carlos Alberto Dória & Marcelo Corrêa Bastos. *A culinária caipira da Paulistânia. A história e as receitas de um modo antigo de comer*. São Paulo: Editora Três Estrelas, 2018, p. 52
2 Sergio Buarque de Holanda. *Caminhos e fronteiras*. São Paulo: Companhia das Letras, 1994.

mento do milho remontam aos primórdios da ocupação da América, marcado pela ausência de um único centro de domesticação ou origem agrícola. Da mesma forma, todo o processo de aproveitamento do cereal, com instrumentos variados, também se espalhou por todo o continente. Levando em consideração as diversas formas de manipulação do milho em diferentes porções do território brasileiro por diversos grupos indígenas, podemos tentar entender as transformações ao longo do tempo e do espaço das formas de processamento desse alimento no espaço da América portuguesa.

O trato do milho muitas vezes se confunde com outras formas mais antigas de manuseio de diferentes tipos de cereais. Desses, talvez o uso do pilão, ao lado do moinho simples de pedra, seja o mais emblemático. Vários achados arqueológicos comprovam a utilização de pedras arqueadas e algum tipo de esmagador em forma de rolo. Talvez seja a forma mais básica de triturar cereais desde a pré-história com o desenvolvimento da agricultura. Essa forma rudimentar teria sido a base para os primeiros moinhos com pedras moedoras sobrepostas. Encontrados em várias civilizações antigas, eram movidos de forma braçal e seriam posteriormente adaptados para tração hidráulica e animal.[3]

Quando da chegada dos colonizadores portugueses ao território brasileiro no século XVI, as técnicas de moagem de cereais na Europa já estavam bem avançadas com moinhos maiores e mais complexos, utilizando sistemas de moagem em pedras com força motriz hidráulica. Essa técnica de alguma

---

3 A esse respeito, ver Abbot P. Usher. *Uma história das invenções mecânicas*. Campinas, SP : Papirus, 1993.

forma foi trazida para o novo mundo, influenciando decisivamente não apenas no processamento do trigo trazido pelos europeus, mas também do milho americano.

*Pilão*

Também de origem remota, pilões foram achados muitas vezes ao lado de outros utensílios como a pedra de moer, talvez seja de uso mais recente na história humana. Se os moinhos remontam ao surgimento da agricultura a partir da região do crescente fértil, o pilão estaria mais espalhado em diferentes culturas ao redor do mundo. Quando da chegada dos europeus à América, o pilão já estava distribuído em uma ampla área por diversos grupos indígenas. Segundo Estevão Pinto,

> Na borda oriental do Brasil entre os Tupinambá; ao sul, entre os Guarani e os Cainguá; na área boliviana de permeio os Chiriguano e os Guaraiu; na vertente amazônica entre os Juruna, os Chipaia, os Amanajé, os Auetó, os Apiacá, os Parintins e os Oampi, sendo que na área maranhense os Tembê.[4]

O uso do pilão na transformação dos alimentos tinha tanta importância que aparecia em mitos de alguns povos, conforme relato reproduzido por Baldus: "então a filha do urubu-rei transformou-se em mulher. Havia muito milho em casa. Ela

---

4   Carlos Borges Schmidt. *O milho e o monjolo. Aspectos da civilização do milho. Técnicas, utensílios e maquinaria tradicionais*. Rio de Janeiro: Ministério da Agricultura. Serviço de Informação Agrícola, 1967, p. 33.

tirou os grãos das espigas, pisou-os no pilão, colocou um pote no fogo e fez todo o trabalho de uma mulher".[5] Talvez o pilão seja a forma mais elementar de processamento de grãos como o milho. Utilizado, como vimos, por diferentes grupos indígenas ao longo do território sul-americano, consistia basicamente em pilar o milho mole de forma mais grosseira. Essa era a massa de milho utilizada por diversos povos e que seria aproveitada nos primeiros séculos de colonização, ainda que de forma mais restrita pelos portugueses. Mas o uso do pilão não se restringia ao trato com o milho. O pilão integra-se de forma tão intensa na cultura brasileira, sobretudo do interior do país, que a maioria das casas tinha esse utensílio para vários afazeres, como descascar arroz, limpar café, preparar paçoca, beneficiamento do milho, etc. O milho pilado foi a forma dominante de consumo do cereal indígena entre os colonos descendentes de portugueses. Um processo simples que não dependia de adaptações nos processos técnicos utilizados pelos nativos da região, necessitando apenas do pilão manual.[6]

Os pilões utilizados pelos indígenas eram escavados em troncos de madeira, constituindo-se no vaso onde seria acondicionado o alimento a ser pilado. A mão do pilão, também feita de madeira, era utilizada para socar o milho (ou outros produtos) acondicionado no vaso. Os tamanhos variavam conforme a necessidade. Desde os pequenos (chamados de almofarizes) para a maceração de alguns ingredientes, até aque-

---

5  Apud Schmidt, op. cit., p. 121.
6  Rafaela Basso. *A cultura alimentar paulista*. Uma civilização do milho? (1650-1750). São Paulo: Editora Alameda, 2014, p. 180.

les de dimensões maiores utilizados para o preparo em maior quantidade de milho pilado. Segundo Otoniel Mota, o nome pilão teria sido dado pelos portugueses. O que nós chamamos de pilão seria a mão de pilão e não o vaso de madeira onde se coloca o cereal a ser socado.

A despeito dessa importância, a historiadora Rafaela Basso aponta um certo silêncio da documentação sobre a utilização mais intensa do milho entre os colonizadores portugueses nos dois primeiros séculos de colonização. E isso se estenderia para o uso do pilão no processamento deste cereal. Outra questão é a ausência de menções ao pilão e aos monjolos (dos quais falaremos adiante) nos dois primeiros séculos de colonização, o que indicaria que o milho era preparado com as mesmas técnicas e utensílios dos indígenas da região.[7]

O mais comum era o uso dos pilões para pilar o milho grosso e eventualmente na confecção da farinha de milho. Para a historiadora, isso era um forte indício de que o milho não ocupava um papel central na alimentação dos colonos, ainda que fosse importante para os animais e a escravaria indígena. Isso explicaria a falta de transposição de técnicas europeias no trato com o milho, ao menos no início do período colonial. Dava-se preferência a utilização de técnicas indígenas, que não eram consideradas importantes a ponto de figurar nos inventários das famílias portuguesas na região.

Para Otoniel Mota, a farinha de milho utilizada em uma ampla região do centro sul do país seria sobretudo paulista: feita de milho posto em fermentação, socado depois no mon-

---

7   A esse respeito, ver Rafaela Basso, op. cit.

jolo, peneirado e torrado. Essa seria a farinha produzida nos monjolos que se disseminariam a partir de São Paulo.[8]

*Monjolo*

O monjolo talvez seja a técnica mais representativa entre os variados processos de elaboração do milho no Brasil, especialmente em uma área que englobaria São Paulo e uma vasta região de expansão nos primeiros séculos de colonização. Se os indígenas tinham como elemento principal a utilização do pilão, durante o período colonial será o monjolo a principal técnica. Entre outros fatores, por a sua eficiência no processamento do milho em quantidades e velocidade maior que a do pilão. Essa técnica seria útil em um momento em que a farinha de milho teria um papel mais importante para os paulistas nas entradas para o sertão e a posterior descoberta das minas no interior do país. Seguindo o mesmo princípio do pilão, o monjolo agregaria a possibilidade de ação mecânica no ato de pilar o milho, tornado a mão de pilão mais rápida e efetiva. Isso tornaria o trabalho de beneficiamento do milho muito mais produtivo.

Vários viajantes fizeram relatos do funcionamento dos monjolos nas zonas mineradoras durante o século XVIII. Descrevendo o funcionamento do monjolo e o tipo de farinha, Caetano de Costa Matoso observa:

> Lança-se o milho aos pilões a quebrar, e quebrado, que é o mesmo que tirar-lhe o cascabulho de fora, limpo dele, se deita de molho, por cinco ou seis dias em água fria, aonde azeda alguma coisa. Passado estes dias, se tira e

---

8   Apud Carlos Borges Schimdt, op. cit., p. 126.

deita nos pilões, segunda vez, onde se soca, mói e desfaz, e dali se tira e lança e uns fornos de cobre ou tachos onde se torra e fica servido de alimento como pão e de mais uso nestas Minas que da mandioca [9]

Podemos dizer que essa era a forma mais básica de preparação da farinha de milho, seja nos pilões, seja nos monjolos. Para Carlos Schmidt, o monjolo tinha duas tarefas no processamento do milho: socar o cereal apenas umedecido para tirar a película e o coração obtendo a canjica e socar o milho já fermentado e amolecido, na fabricação da farinha de milho. Além disso, a velocidade dos monjolos em comparação com os pilões manuais proporcionava uma maior produtividade.[10] Entre os pesquisadores há uma série de controvérsias sobre a origem e difusão desse equipamento entre nós. Sergio Buarque de Holanda em seu estudo sobre a expansão paulista destaca o papel do milho nesse empreendimento e busca identificar a origem da utilização do monjolo no processamento do milho. Para o historiador, os portugueses já utilizavam um equipamento semelhante chamado "pio de piar os milhos" que se assemelhava ao nosso monjolo de pé. A estrutura básica é a mesma do monjolo, sendo, como aponta o nome, acionado pela força humana. Em Portugal era utilizado para o tratamento não do nosso milho (maiz), mas

---

9  Códice Costa Matoso: coleção das notícias dos primeiros descobrimentos das minas na América que fez o doutor Caetano da Costa Matoso e váriospapéis. CAMPOS, Maria Verônica e FIGUEIREDO, Luciano Raposo de Almeida. (Org.) Belo Horizonte: Fundação João Pinheiro, Centro de Estudos Históricos e Culturais, 1999.
10 Carlos Borges Schmidt, op.cit., p. 51, 52.

do milho miúdo ou milho alvo (*Panicum miliaceum*, Lin.). Ao mesmo tempo que o milho americano se expande por Portugal e toda a Península Ibérica, o milho miúdo vai recuando e o monjolo de pé vai desaparecendo. De qualquer forma, esse modelo poderia ter sido transposto para São Paulo, servindo para o trato do milho americano.[11]

Outra possível origem apontada por Sergio Buarque de Holanda remete ao Oriente. Equipamentos idênticos ao nosso monjolo e ao pio português foram encontrados na Ásia oriental. Nesse caso utilizados para pilar cevada, esmagar linhaça e, principalmente, descascar o arroz. Para Sergio Buarque de Holanda esses equipamentos estariam todos interligados. Se em Portugal o uso se transferiu para o tratamento do milho miúdo, entre nós teria se transferido em parte para o milho graúdo (maiz). Outra utilização importante do monjolo no Brasil seria justamente no beneficiamento com o arroz que teria sido introduzido precocemente nos dois primeiros séculos de colonização. Segundo o historiador, o uso do monjolo de pé entre os paulistas dataria de fins do século XVII, quando aparecem referências de consumo do arroz. Assim, ainda que nos primeiros séculos o milho fosse majoritariamente processado segundo as técnicas indígenas como o pilão, já havia a presença do monjolo de pé. Mas foi com a crescente importância do milho a partir do século XVIII que o monjolo (principalmente o monjolo de água) passaria a fazer parte da paisagem paulista e de suas áreas de expansão.

Havia outras modalidades de monjolo que eram mais eficientes que o monjolo de pé. O princípio era sempre o mesmo:

---

11 Sergio Buarque de Holanda. op. cit., p. 58.

uma forma de pilar o milho utilizando um tipo de mecanismo adaptado ao movimento do pilão. O que variava era a força motriz do monjolo. O monjolo de pé era um equipamento mais simples, que ampliava a tarefa do pilão, ainda que fosse utilizado basicamente em pequenas propriedades para a produção de farinha em escala menor. Apenas com os monjolos de água e os engenhos de pilões seria possível aumentar a produção da farinha de milho. Afonso de Taunay menciona o monjolo de rabo, constituído por uma sequência de pilões movidos por tração animal. Mas o tipo de monjolo que caracterizaria a produção de farinha de milho seria o monjolo de água, seguindo uma solução já conhecida pelos portugueses porque muito disseminada em toda a Europa.

O monjolo de água tinha como princípio básico a utilização de alguma queda d'água para colocar em movimento o braço do pilão. Essa foi uma técnica que se espalhou não apenas pela região de São Paulo, mas por toda a área de entrada dos bandeirantes pelo interior do país. A grande vantagem desse equipamento era que exigia pouca mão de obra e baixa sofisticação técnica. Com menor esforço o produtor conseguia obter maior quantidade de farinha de milho.

A necessidade de um curso d'água para mover o monjolo hidráulico teria condicionado as formas de ocupação da população em toda essa região. Segundo Capistrano de Abreu, era característico dos paulistas e seus descendentes a construção de suas casas nos fundos de vale, onde haveria água em abundância para mover o monjolo e, posteriormente, os moinhos hidráulicos. Se a utilização do pilão era um aproveitamento de técnicas indígenas para o trato do milho, os monjolos apontavam um novo momento. O viajante John Mawe[12] descreveu o funcionamento do monjolo quando de sua viagem pelo Brasil entre 1807 e 1810:

> À margem do rio instala-se grande pilão de madeira, cuja mão está encaixada na extremidade de uma alavanca com vinte e cinco a trinta pés de comprimento, repousando sobre uma barra transversal aos cinco oitavos do seu comprimento, em redor do qual oscila. A extremidade do braço mais curto desta alavanca está escavada, de modo a sustentar peso de água suficiente para levantar a outra extremidade, à qual está presa a mão do pilão. O peso da água faz com que a colher desça e se esvazie ao chegar a certo ponto. O encher e descarregar, alternadamente esta cavidade provoca a elevação e a queda da mão do pilão, o que se verifica quatro vezes por minuto.[13]

Segundo Sergio Buarque de Holanda, a presença do monjolo, associado ao uso predominante do milho na alimentação, englobaria uma região que vai do centro-norte de Minas Gerais até o norte do Rio Grande do Sul, e abrangeria grande parte de Goiás e Mato Grosso. Toda essa região (incluindo São Paulo) seria dominada pela presença de monjolos, principal-

---

12 Jonh Mawe era um mineralogista inglês que esteve no Brasil entre 1807 e 1810 visitando a região das Minas Gerais, além de passar por São Paulo. Os relatos de sua viagem foram publicados em 1812, descrevendo a região centro-sul do país e os costumes.
13 John Mawe. *Viagens pelo interior do Brasil*, particularmente nos distritos de ouro e diamantes daquele país. Belo Horizonte/São Paulo: Itatiaia/Edusp, 1978, p. 40.

mente a partir do século XVIII. Francisco Dias Andrade observa um grande aumento na produção de milho a partir de meados do século XVII e associa esse crescimento às grandes bandeiras paulistas que têm início em 1625 com a expedição ao Guairá com o objetivo de apresar indígenas. Outras expedições e a descoberta de ouro nas Gerais consolidariam esse processo, dando ao milho uma primazia em toda essa região.

A produção de farinha de milho teria como um de seus principais objetivos fornecer alimento para o grande número de indígenas que eram trazidos para o trabalho na lavoura de trigo. Uma planta fácil de ser cultivada e com grande produtividade era a saída para alimentar grandes contingentes de escravos, sem comprometer a produção de trigo. Devemos observar que os grupos indígenas trazidos do sul pelas armações já tinham o milho como um de seus principais alimentos. As grandes propriedades conjugavam o trigo para exportação com o milho para alimentação. Outro papel importante era a alimentação dos integrantes das armações que se embrenhavam nos sertões. A farinha de milho era mais importante que a farinha de mandioca nesses empreendimentos. Além disso, o milho proporcionava o chamado complexo do milho, que englobava feijão, porcos e galináceos que surgiam nos caminhos do sertão.

Antes dessa grande expansão do milho (principalmente em forma de farinha) iniciada no século XVII e consolidada no século XVIII, o milho e a farinha já eram conhecidos pelos índios da região. Alguns viajantes citam que a principal forma de utilização do milho pelos índios da região paulista era através do milho assado ou milho verde, além das cauinagens. Entretanto, também havia a produção de farinha obtida no pilão, ainda que esse alimento não tenha sido tão difundido quanto se acreditava. Será apenas a partir dos séculos XVII e XVIII que a farinha de milho ganhará importância, tendo em vista o grande deslocamento das bandeiras e a necessidade de alimentar grandes contingentes de índios escravizados e animais.

Nesse contexto a produção de farinha de milho não poderia estar restrita ao uso do pilão. Os monjolos, especialmente os hidráulicos, se tornariam a melhor forma de produção de farinha de milho, substituindo os antigos pilões indígenas. Uma das referências mais antigas ao uso de monjolo encontra-se em um inventário paulista de 1751.[14] A partir daí a difusão dos monjolos na área de expansão paulista foi muito rápida. Em menos de um século os monjolos se espalharam por toda a região centro-sul do Brasil, comprovando a grande importância do milho em forma de farinha e dos monjolos na obtenção desse produto.

Ainda que os diversos tipos de monjolo fossem mais adequados à produção da farinha de milho em maior quantidade, denotando a crescente importância desse alimento em um contexto de expansão pelos sertões, a maior produtividade se daria com os chamados engenhos de pilões. Segundo Schmidt, esse tipo de maquinário já era utilizado para o socamento ou moagem de minérios desde o século XVI. Sergio Buarque de Holanda aponta que na fábrica de ferro do Ibirapuera, em São Paulo, funcionava o primeiro martelo hidráulico do país, utilizado para quebra de minério para uso no forno.

---

14 Francisco de Carvalho Dias Andrade. *A memória das máquinas: um estudo de história da técnica em São Paulo*. Dissertação (Mestrado) em História – Instituto de Filosofia e Ciências Humanas da Universidade Estadual de Campinas, 2010, p. 147.

O engenho ou bateria de pilões foi decisivo para a maior produção de farinha de milho. A ideia básica do engenho de pilões era utilizar o mesmo princípio do monjolo para mover uma sequência maior de pilões, aumentando consideravelmente a produção de farinha.

## Moinho

Como dissemos, os moinhos remontam às primeiras experiências humanas na maceração de certos tipos de alimentos. Desde a pré-história seria uma variação das pedras onde eram feitas as moagens, principalmente de cereais. Dessa forma, não seria correto imaginar uma cronologia linear das pedras de moer passando a pilão, monjolo e, finalmente, os moinhos. Esses moinhos manuais são encontrados em várias civilizações antigas por todo o mundo, principalmente na Europa e na região do Mediterrâneo. Segundo Schmidt, a forma mais antiga de moinho braçal foi encontrada em Pompeia, sendo constituído por duas pedras em formato cônico. O moinho com pedras planas teria surgido em seguida.[15]

Mas a forma que se disseminaria no caso do Brasil colonial seria o moinho hidráulico, também presente em várias civilizações. Ainda segundo Schmidt, a mais primitiva aplicação da força hidráulica para moagem de grãos teria surgido por volta do século V a.C. na Ásia Menor. Esse tipo de moinho teria se difundido por toda a Europa na Idade Média. Esses moinhos utilizariam rodas horizontais e teriam sido sucedidos por moinhos de rodas verticais, conhecidos como azenhas, que demandavam uma quantidade maior de água. A invenção

---

15 Carlos Borges Schmidt, op. cit., p. 72.

do moinho movimentado por roda hidráulica vertical, cuja força é transmitida por engrenagens, é atribuída a Vitrúvio (16 a.C.). A grande vantagem desse sistema seria tornar possível a regulagem da velocidade desejada para a pedra do moinho.[16] Quando da chegada dos portugueses ao Brasil no século XVI grandes moinhos hidráulicos com roda vertical já estavam disseminados por toda a Europa, em grande parte para a produção de farinha de trigo. Para Francisco Andrade, ainda que os grandes moinhos europeus não tivessem o mesmo destaque nas colônias americanas que tinham no Velho Mundo, houve uma transmissão de técnicas para a moagem, sobretudo no caso do milho.[17] Segundo Katinsky, há "uma impressionante continuidade entra a cultura artesã europeia da época pré-industrial e os conhecimentos e práticas de nossos carpinteiros caipiras."[18]

O que a historiografia atual aponta é que, ainda que já existissem moinhos em São Paulo nos primeiros séculos de colonização, de uma maneira geral eles não estavam relacionados à transformação do milho em farinha, mas sim de farinha de trigo. Sergio Buarque de Holanda aponta cultivo de trigo em São Paulo já em fins do século XVI, ainda que não seja possível afirmar que era feito em escala comercial. Em 1614 a produção de trigo na vila de São Paulo já era de alguma monta, com a existência de pelo menos um moinho no local.[19] A partir da segunda década do século XVII já existem menções nos textos municipais aos moinhos de trigo instalados na bei-

---

16 Idem, p. 73.
17 Francisco Carvalho Dias Andrade, op. cit., p. 184, 185.
18 JulioKatinsky. *Um guia para o estudo da técnica no Brasil colônia*. São Paulo: EDUSP, 1976.
19 Sergio Buarque de Holanda, op. cit., p. 176.

ra de rios ou ribeirões, sendo acionados por rodas d'água. Os mesmos moinhos que seriam utilizados posteriormente para a produção de fubá de milho. Com a decadência dos trigais e o aumento da importância do milho e sua farinha na área paulista, eles passam a ser utilizados para a produção da farinha de milho moída, conhecida como fubá.

O moinho d'água teria encontrado em São Paulo sua verdadeira vocação: moer o fubá que seria utilizado para a alimentação dos escravos e das criações de animais (além do angu e da polenta). Nesse caso, a transposição de técnicas europeias para a transformação do milho teria como objetivo aumentar a produtividade, tornado o beneficiamento mais eficaz. A partir do século XVIII os moinhos tiveram uma grande difusão pelo centro-sul brasileiro, acompanhando as rotas dos bandeirantes. Dessa forma, se os moinhos hidráulicos presentes em São Paulo guardavam muitas semelhanças com os moinhos utilizados na Península Ibérica, também havia algumas diferenças ligadas às diferentes necessidades de moagem de trigo e milho. É o que podemos perceber nos diferentes ajustes dos moinhos de acordo com especificidades do tipo de farinha desejado e a quem seria destinado:

> Uma primeira especificidade da moagem do milho nos moinhos está ligada à regulação da distância entre as duas pedras mós por meio do dispositivo chamado de *gangorra* de modo a produzir duas qualidades diferentes de fubá. Um mais fino, voltado para o consumo alimentar humano, e outro mais grosseiro, destinado a alimentação das criações animais: a quirera, ou pelo nome que é chamada em Minas, a canjiquinha. Em Silveiras, a

distinção na fatura dos dois tipos de fubá era feita pelo peneiramento do fubá moído no moinho.[20]

Assim, temos dois tipos de farinha produzidos em São Paulo a partir de diferentes equipamentos: a farinha de milho produzida no monjolo e o fubá produzido nos moinhos. Carlos Borges Schmidt esclarece as diferenças entre os dois tipos de farinha:

> Em São Paulo distingue-se o fubá da farinha de milho, propriamente dita, porque esta é preparada deixando o milho de molho, depois socando-o no monjolo, depois torrando-o no forno raso: é a farinha de milho paulista. Farinha de milho aqui, é isso. A outra aquela resultante da moagem do milho no moinho de pedra, é que é, o fubá. Quando o fubá é feito de milho já sob a forma de canjica, então é o fubá mimoso.[21]

Assim, além da farinha de milho que já era feita nos pilões e monjolos, o moinho tornava possível a produção de uma farinha mais fina, conhecida como fubá. A passagem da utilização dos moinhos do trigo para o milho levou a uma adaptação no uso que era feito nos moinhos na Europa para outros tipos de cereais. Havia uma prática chamada de "troca do fubá" que tinha como objetivo garantir o lucro do dono do moinho que ficava com a diferença produzida na moagem, uma vez que o fubá faz mais volume do que o milho em grão.[22] Esse costume

---

20 Francisco Dias Andrade, op. cit., p. 207.
21 Carlos Borges Schmidt, op. cit., p. 80.
22 Francisco Dias Andrade, op. cit., p. 208.

foi sendo abandonado com o lento desaparecimento dos moinhos de água no interior de São Paulo.

A respeito da utilização mais usual do milho em contraposição à mandioca entre os paulistas, Carlos Borges Schmidt traça uma geografia de sua difusão que estaria diretamente ligada a questões climáticas e também históricas. Assim, a zona da farinha de mandioca na vertente marítima e a zona da farinha de milho serra acima. Mas mesmo na ampla zona de domínio do milho, haveria diferenciações no tocante ao tipo de farinha produzida. A farinha de milho obtida por maceração, piloamento e torra do cereal seria dominante no Vale do Paraíba. Nessa região haveria uma recusa do consumo do fubá, considerado inferior e denominado como "comida de cachorro". No restante do planalto, que englobaria boa parte do atual estado de São Paulo, o milho seria mais utilizado na forma de fubá, devido à influência da imigração (principalmente de italianos), em especial no angu caboclo e na polenta italiana.[23]

Além dessas zonas distintas identificadas por Schimdt, também haveriam pontos de contato distribuídos ao longo do território. Como exemplo, o autor cita a região de Santo Amaro, onde ocorreria o consumo de farinha de milho e farinha de mandioca. Os engenhos de farinha ali localizados produziriam os dois tipos de farinha. As rodas hidráulicas serviriam para mover o mojolo que socava o milho e também para acionar a roda de ralar mandioca. O mesmo fenômeno ocorreria na região do Vale do Paraitinga com a presença de

---

23 Carlos Borges Schmidt. "Áreas de alimentação. Fronteiras entre a área do milho e a área da mandioca", *Revista de Antropologia*, vol. 4, nº 2, dezembro de 1956.

fábricas de farinha de mandioca e milho. Vários fatores seriam responsáveis por essa distribuição, mas um ponto em comum é a proximidade dessas regiões com o litoral, separadas desse pela Serra do Mar.

*Fecularias*

Como dissemos anteriormente, a farinha de milho tornou-se comum nas mesas paulistas e nas áreas de influência. No método de fabricação utilizado nos pilões e sobretudo no monjolo, a fermentação passou a ser considerada um problema. Depois de tirado o "olho" e a película do milho, esse era posto de molho na água para amolecer por dias. Durante esse processo a fermentação causava um odor característico que era conferido ao produto final. Depois era levado ao pilão ou monjolo para ser triturado. Em seguida era feita a torrefação em um forno circular de ferro (semelhante aos fornos indígenas de barro). A chamada farinha de milho era o produto final dessa operação.

Esse processo que era comum na produção da farinha de milho, seja no pilão, seja no monjolo, foi transformado com os moinhos, sobretudo nos moinhos mecanizados a partir do final do século XIX. A questão higiênica passa a ser muito valorizada nesse processo e não apenas o sabor e o odor azedo que o processo antigo provocava no produto final. Segundo Juvenal Godoy, esse processo teria se transformado a partir de 1891 com a instalação de uma fecularia em Pirassununga. O milho seria desgerminado em uma máquina e passaria por todo um processo mecânico que eliminaria a necessidade de molho em água fria, resultando em uma farinha sem o odor e o gosto azedo. Com as fecularias modernas, o antigo processo feito em pilões, monjolos e mesmo nos antigos moinhos seria completamente transformado. O processo que levava dias seria feito em seis horas com água quente, evitando a fermentação. Ainda segundo Godoy, outra forma industrial de evitar a fermentação do milho colocado de molho seria refinar o grão já debulhado e limpo de impurezas e em seguida embebê-lo em água morna com dióxido de enxofre. O processo químico impediria a fermentação durante o tempo que o grão estivesse de molho.[24]

As fecularias aprimoraram também outros tipos de aproveitamento do milho. A canjica, que era muito utilizada pelos paulistas desde os primeiros séculos, consistia em umedecer os grãos para facilitar a separação da película e do embrião. A partir do final do século XIX as fábricas passaram a utilizar máquinas nesse processo, aumentando o aproveitamento do milho. O milho desgerminado grosso era transformado em canjica, e os milhos médio e miúdo seriam transformados nos moinhos em fubá mimoso. Para isso era utilizada uma máquina específica, conhecida como desgerminador ou canjiqueira.

A partir do final do século XIX a indústria do milho se desenvolveu cada vez mais. Com os moinhos e modernas fecularias, além da fabricação de canjica, farinha de milho e fubá, outros derivados do milho se tornaram possíveis e rentáveis. Extração de amido, dextrina, glicose, etc. Dentre essa gama de subprodutos, chama a atenção a extração do amido que daria origem a um produto bastante disseminado não apenas na

---

24 Juvenal Mendes Godoy. *Fecularia e amidonaria*. Fabricação da glycose e da dextrina. São Paulo: Casas Duprat e Casa Mayença, 1928, p. 127, 130.

culinária, a maizena. Os moinhos e o desenvolvimento de máquinas para essa indústria a partir do final do século XIX proporcionou um amido de aproveitamento do milho. No processo de maceração e trituração das sementes torna-se possível a separação e purificação do amido. O pó bastante fino que sobra após a moagem do grão remanescente foi utilizado inicialmente na indústria têxtil. Na Inglaterra da Revolução Industrial, o amido de milho era utilizado como goma nos tecidos. Com o avanço das técnicas de produção do amido nas refinarias (com o uso de ácidos e soda), esse passou a ser utilizado também na indústria alimentícia.

A partir da Inglaterra, as pesquisas para produção de amido para as indústrias têxtil e alimentícia ganharam fôlego. Em 1856 o empresário Wright Duryea criou a Companhia Produtora de Amido Duryea nos Estados Unidos. O principal produto era conhecido como Maizena, sendo utilizado nas lavanderias e também destinado às donas de casa para fins culinários. A marca virou sinônimo de amido de milho e passou a ser exportada para a Europa, chegando ao Brasil por volta de 1874. Em 1929 foi instalada no Brasil a empresa Refinações de Milho Brasil (subsidiária da norte-americana Corn Products Refining Co.). Em 1930 entrou em funcionamento a primeira unidade de produção na cidade de São Paulo. A partir de então, a maizena passaria a ser produzida no Brasil.

A chegada de uma grande empresa norte-americana influenciou decisivamente não apenas os hábitos alimentares, mas também a relação com os agricultores que abasteciam a empresa de milho. Os moinhos e as refinarias se tornaram ao longo do século XX grandes indústrias, explorando uma gama variada de subprodutos do milho para fins industriais e domésticos. As antigas formas de obtenção da farinha de milho quase desapareceram. A produção de farinhas e outros subprodutos do milho é obtida por grandes indústrias de maneira totalmente automatizada. O milho tornou-se, no decorrer do século XX, uma das principais fontes da indústria alimentícia. Apesar disso, algumas fecularias ainda sobrevivem no interior do Brasil, sobretudo São Paulo, dedicando-se à produção mais artesanal de farinha de milho e fubá.

Em 2015 o C5 (Centro de Cultura Culinária Câmara Cascudo) fez um levantamento de algumas fecularias sobreviventes no interior de São Paulo. Acompanhando o trabalho na Fecularia Lídio Lemos Filhos na cidade de Pedra Bela no interior de São Paulo, Carla Castellotti observou que ainda conservam alguns métodos antigos na produção da farinha. O milho é desgerminado em uma canjiqueira e depois passa por três dias de fermentação. Depois disso é moído e torrado em uma chapa de ferro aquecida a lenha. O milho seco e menos refinado que não foi hidratado nem fermentado é transformado em quirera. Esse tipo de produção, ainda que não totalmente artesanal (não utiliza pilão ou monjolo e sim máquinas como a canjiqueira), guarda procedimentos diferentes da grande indústria alimentícia. Produz uma farinha de milho de melhor qualidade e em menor quantidade. Não tem como competir com a produção em massa da grande indústria. Principalmente num momento em que, nas palavras do proprietário da fecularia, "os jovens não comem mais milho. Milho virou comida de velho".[25]

---

25 Carla Castelotti. *Em busca do milho esquecido. Revista Menu*, dez./jan. 2015, p. 41, 42.

O trato com o milho na área paulista mostra uma interessante intersecção entre técnicas europeias e indígenas, como é o caso dos pilões e monjolos. As transformações técnicas afastam a ideia de que a agricultura colonial tenha se caracterizado por um sistema primitivo e predatório. A eficiência do empreendimento bandeirante em suas entradas pelos sertões, além da exploração mineratória a partir do século XVII, só foi possível pela intensa utilização do milho. E essa utilização passa pelas técnicas que se desenvolveram no período colonial. Uma mistura de técnicas adventícias e europeias.

Antigos gestos foram relegados, seja na cozinha, seja na produção de alimentos como a farinha de milho, substituídos pelos avanços industriais. Por outro lado, ainda sobrevivem antigas técnicas, testemunhas de uma trajetória histórica e de antigos hábitos alimentares.

# Milho: o rei dos alimentos na cozinha do Semiárido Brasileiro

✴

*Ana Rita Dantas Suassuna*[1]

O perímetro do Semiárido Brasileiro, abrange parte de cada um dos oito Estados do Nordeste e o norte de Minas. É uma das regiões onde, desde os primórdios da sua ocupação, o milho já era plantado, cultivado e consumido pelos nativos. Com isso o cereal pôde manter forte presença no seu uso direto na alimentação humana em todas as camadas sociais, indistintamente, como principal nutriente. Prestou-se a todas as formas de preparo – cozido, assado, torrado e refogado – em comidas doces e salgadas, como ingrediente ou acompanhamento e ainda era fermentado para ser usado como bebida.

O popular aforisma sertanejo *"do milho tudo se aproveita, do pé ao cabelo"*, expressa a importância que desfruta na

---

1 Ana Rita Dantas Suassuna é licenciada em Línguas Neo-Latinas pela Universidade do Recife e especialista em educação pela Universidade Católica de Pernambuco. Autora do livro *Gastronomia Sertaneja – Receitas que contam histórias*. Ed. Melhoramentos, 2010. Prêmio Jabuti 2011, 3º lugar. Coautora do livro *Sabores Brasileiros*, Ed. Boccato, 2011.

vida das pessoas e as destinações que têm cada componente da planta.

Câmara Cascudo quando afirma que "a convergência e fusão das culinárias indígena, africana e portuguesa levaram ao brasileiro o 'complexo' alimentar do milho que a industrialização tornou permanente"[2] deixa implícito que o cereal andou de mão em mão no cotidiano dessas culturas que se influenciaram mutuamente na forma de tratá-lo e com ele prepararam comidas simples e variadas, por isso mesmo agradáveis a diferentes paladares.

Embora tolerante à seca, o milho precisa de chuvas regulares e bem distribuídas, do plantio à maturação. Plantá-lo no Semiárido como cultura de subsistência sempre foi uma atividade regular, anual, culturalmente representativa, mas de muito risco, porque está sujeita à seca, fenômeno cíclico e inevitável na região.

Os agricultores sabem que estão sempre expostos a riscos ambientais, mas o peso cultural da ancestralidade do cultivo do milho e a preferência generalizada pelas comidas com ele preparadas a tudo se sobrepõem. As perdas de safras, pela falta de chuvas e, muitas vezes, de uma só chuva, sempre repercutiram no dia a dia das pessoas, porque o milho era o que de melhor havia no Semiárido para alimentar os que viviam da terra. A expressão "perdi a safra com o milho bonecando" (com as espigas ainda em formação) era o registro da falta daquela que seria a chuva indispensável para completar a maturação das espigas.

---

2   Luiz da Câmara Cascudo. *História da alimentação no Brasil*. 4ª edição. São Paulo: Global, 2011, p. 111.

Mesmo desconhecendo o peso nutricional do milho, as pessoas – das mais pobres às mais aquinhoadas – costumavam usá-lo como principal alimento em qualquer das refeições, por sua versatilidade ou até mesmo por falta de outras opções. Quando ocorria escassez era o milho que permitia mais variações de sabores que qualquer outro alimento. Possibilitava múltiplos processamentos, interagia com qualquer dos demais alimentos que estivessem disponíveis, tais como feijão, caças, peixes, miúdos, vísceras, toucinho, coco, caldos, rapadura, mel ou simplesmente temperos como coentro, cebola e cebolinha. As combinações com leite, manteiga, nata, queijo, ovo, galinha e carnes eram do dia a dia nos períodos de fartura.

A produção do milho na agricultura familiar, em minifúndios, destinava-se ao consumo direto na alimentação do produtor; a pequenas vendas nos próprios locais de colheita ou em feiras e mercados de cidades próximas, em moeda corrente, ou sob a forma de escambo. Na alimentação de alguns animais domésticos só ocorria em situações eventuais: quando adoeciam, estavam em longas viagens, em engordas ou, no caso de galinhas, com pintos novos ou chocando ovos.

O "reinado" de comidas de milho preparadas artesanalmente foi até o final dos anos 1960. Na década de 1970, quando estradas asfaltadas começaram a ligar o sertão a centros urbanos maiores; a refrigeração, a base de querosene, chegou a locais que não dispunham ainda de energia elétrica; a aposentadoria para o trabalhador rural deu-lhe com regularidade uma fonte de renda mensal até então inexistente; a assistência social, com distribuição de cestas básicas, direcionou-se ao atendimento de pessoas que passavam fome por força da escassez decorrente de secas, iniciaram-se, rapidamente, acentuadas mudanças no processamento de comidas de milho e nos padrões alimentares até então vigentes na região.

O pilão, a urupemba, a panela de barro, a cuia, a cabaça (heranças da cultura indígena) – todos de múltiplas finalidades na cozinha e com emprego direto na preparação do milho (pisar, peneirar, torrar, cozinhar, lavar, armazenar) – eram apetrechos de vários tamanhos, formatos e texturas que perderam funções, primeiramente em pequenas cidades do interior, e aos pouco no meio rural, como decorrência da introdução massiva de alimentos industrializados até então desconhecidos; de utensílios em plástico, além de refratários. As peneiras de aro de madeira e malha de arame e peças de ágata também entraram em declínio.

Com a criação da Empresa Brasileira de Pesquisa Agropecuária-Embrapa / Centro Nacional de Pesquisa do Milho e do Sorgo-CNPMS, a cultura do milho, nos últimos 40 anos, vem incorporando inovações decorrentes de estudos e experiências voltados para o aumento de produtividade e produção em escala nas diferentes regiões do país, porque o cereal assumiu grande importância na sua destinação industrial e do agronegócio. Para isso o mercado consumidor de milho passou a exigir produção contínua durante o ano todo. Há demanda na indústria de cosméticos, fármacos, bebidas, têxtil, química, combustível, ração animal – esta a mais expressiva na atualidade – e diversificou a de alimento humano com a introdução de óleos, conservas, xaropes, farinhas, entre outras, e a cada dia surgem novos alimentos.

## Plantar, colher, armazenar

A preocupação de pequenos agricultores da caatinga nordestina com o aproveitamento máximo das chuvas é tão forte que há peculiaridades nas formas de plantar os "ligume", assim chamados os cereais milho e feijão. Alguns preparam a terra para "plantar no seco" ou "plantar no pó" como falam os baianos, ou seja, para semear os grãos antes mesmo da chegada da primeira chuva. Não esperam por terra molhada com base na ideia de ganhar tempo na germinação, por temer efeitos de insuficiência, ausência ou má distribuição das chuvas durante o período de desenvolvimento da planta. Essa opção de plantio corre risco de escaldar a semente e perdê-la totalmente se a primeira chuva não for suficiente para molhar adequadamente o solo para a germinação. A forma mais usual de plantio, entretanto, ocorre imediatamente após chegar a primeira chuva. Os que optam por tal processo fazem esforço redobrado para concluir a tarefa em um único dia.

A influência da religiosidade católica dos portugueses estabeleceu, no meio dos agricultores, ligações de plantio, colheita e consumo do milho com o calendário festivo de santos. Assim, a cada 13 de dezembro, dia comemorativo de Santa Luzia, os agricultores ficavam atentos a sinais de chuva ou de outros da natureza que pudessem indicar perspectivas de colheita para o ano agrícola próximo a se iniciar. Chuvas nesse dia eram motivo de louvação nas famílias. Quando não chegavam ou estavam irregulares até 19 de março, dia de São José, tomava-se como sinal de inverno insuficiente para boa colheita. Esse era o último dia em que se poderia iniciar a plantação porque ainda haveria possibilidades de a cultura se beneficiar do restante do período previsto para o ciclo anual das chuvas.

"Plantar até São José, para colher e comer no São João e no São Pedro" era uma máxima sertaneja.

A colheita do milho na maior parte do Nordeste ocorria no mês de junho, coincidindo com a época de festejos religiosos, dedicados a santos de devoção popular, celebrados durante o mês: Santo Antônio dia 13, São João dia 24 e São Pedro dia 29. Tal coincidência justifica a forte presença que têm as comidas de milho, especialmente as de milho verde, na tradição alimentar desses eventos que culminam com a festa de São João, reconhecida como a festa da fartura, da solidariedade, da hospitalidade, e a mais representativa entre todas as comemorações populares do Semiárido. Daí ser incluída no calendário cultural da região.

Como parte da festa, fogueiras são acesas e em torno delas ocorrem muitas manifestações folclóricas e ofertas de comidas de milho, sendo a mais comum o milho verde na espiga que, ao lado da batata-doce, são assados diretamente na brasa ou no rescaldo das fogueiras. Pode-se até dizer que existe uma cozinha das festas juninas, própria do Semiárido, que é valorizada pelo milho como principal produto em comidas salgadas e doces, estas em maior profusão. Acender fogueira para São João é rito de origem medieval que se realizava para comemorar colheita farta. Com esse mesmo propósito mantém-se até nossos dias.

Em torno desses festejos havia cordelistas, repentistas, cantadores de viola e compositores populares que, ao modo próprio, registraram hábitos alimentares peculiares, divulgados por todo o interior do Nordeste, através de folhetos e da música. Legaram um expressivo repertório sobre comidas de milho e seus usos. Demonstram a transversalidade cultural do milho no Semiárido e o quanto está ligado a diferentes contextos: ambiental, religioso, social, econômico, filosófico e, consequentemente, político.

Durante os festejos juninos duas espécies de bebidas eram comuns: a aguardente (cachaça) e o aluá, bebida fermentada, preparado com milho cru, seco, em grão, lavado e secado ao sol. Em seguida ia ao fogo no "caco do milho" (vasilha de barro, ovalada, larga e rasa), – peça exclusiva para qualquer torra de milho – e era mexido com pá de madeira até torrar. Depois de frio era colocado em pote de barro com água, por mais ou menos uma semana para em seguida misturar pedaços de rapadura e mexer até dissolvê-la por completo, após o que era coado e engarrafado para servir. O pote, exclusivo para esse fim, ficava com a boca amarrada com um pano e uma tábua colocada por cima. No entendimento corrente no meio do povo, o aluá perde em qualidade se preparado fora de utensílios de barro.

O preparo da terra para o plantio, na quase totalidade, era tarefa dos homens. Com uso de enxadas faziam a "destoca" a "limpa" e as covas (escavação) para a semeadura que era feita por mulheres e crianças em verdadeiro mutirão familiar. Carregavam as sementes em cuias de cabaça; em bisacos (saco) de pano ou em bornal de couro, colocados a tiracolo. As sementes de milho e de feijão eram lançadas juntas em uma mesma cova e para cobri-las as pessoas empurravam com os pés uma leve camada de terra. O número de grãos por cova era estabelecido de forma empírica, convencionada e repetida pelos agricultores.

No Semiárido, até anos recentes, o milho mais usado era o amarelo, de grão duro, reconhecido pelos agricultores como resistente e que "dá cumê mais gostoso". Essa prática modificou-se com a chegada ao alcance de pequenos e médios agricultores de outras, entre as inúmeras variedades de sementes que estão disponíveis no mercado. Era plantado em roçados (espaço físico do plantio), consorciado com outras culturas, sendo a principal o feijão de corda, cuja rama ajuda a manter por mais tempo, mesmo que precariamente, a umidade do solo na raiz do milho, segundo o entendimento de agricultores.

Não havia hábito de plantar milho de pipoca. Entendia-se que era desperdício plantá-lo porque ocupava terra com um milho de espiga e grãos muito pequenos, de finalidade limitada e que exigia o mesmo tempo de trabalho que o amarelo. Assim, só poucos agricultores, em geral os de mais posses, ou de roçados maiores, destinavam alguma pequena área para esse plantio que, a rigor, era considerado um diletantismo. Na época da colheita, vizinhos e moradores eram presenteados pelos que tinham plantado esse mimo.

Os próprios agricultores faziam "a olho" uma seleção natural de sementes de milho que deveriam ser guardadas para o plantio na safra seguinte. Para isso observavam alguns critérios na escolha: os grãos – os mais homogêneos possíveis – deveriam estar bem secos, serem duros, graúdos, amarelos e retirados de espigas de "carreiras completas". Esse era um processo generalizado, semelhante ao que já faziam os índios, quando escolhiam o que consideravam melhores espigas para retirar os grãos que seriam plantados. Sampaio[3] registra (...)

---

3   Artur José Sampaio, *A alimentação sertaneja e do Interior do Amazonas – Onomástica da Alimentação Rural.* São Paulo, Rio de Janeiro, Bahia, Recife, Pará, Porto Alegre: Companhia Editora Nacional, 1944, p. 133.

"levam a concluir serem os nhambiquaras verdadeiros geneticistas-selecionadores, por intuição". Para Silva[4] "No Brasil os índios o plantavam também. As espigas, na origem eram pequeníssimas (...)". Gleissman[5] afirma: "Foi através da seleção massal que as populações indígenas da América Latina foram selecionando as plantas de milho que tinham mais grãos na espiga, obtendo as plantas que hoje conhecemos".

A agricultura familiar introduziu aos poucos, nesse cultivo secularmente braçal, alguns implementos, a exemplo de semeadeiras e roçadeiras que ajudaram a elevar a produtividade do milho que sempre foi e continua sendo a principal plantação dos pequenos proprietários rurais no Semiárido.

No final da safra crianças e adultos formavam novos mutirões familiares para a colheita do milho. As espigas, já bem secas, eram "quebradas", retiradas da planta e transportadas do roçado para latadas ao lado das casas, ou para algum compartimento no interior delas, com uso de carroças de mão; pequenos carros de madeira puxados por carneiros adestrados; balaios; sacos; surrões e latas. Nas latadas ou no interior das casas havia o trabalho de separação das espigas para deixar uma parte na palha, debulhar o restante e armazenar ao modo próprio para cada caso.

A parte do milho que ficava na espiga com a palha seca era empaiolada em locais menos sujeitos a umidade e mais venti-

---

4 Soraya Grams da Silva. *Agricultura*. Disponível em: http://monografias.brasilescola.com/agricultura-pecuaria/agricultura.htm. Acesso em: 10 mar. 2013.
5 Stephen R. Gliessman, *Agroecologia e Alternativas Ecológicas: Processos ecológicos em agricultura sustentável*. Porto Alegre: Editora UFRGS, 2000.

lados, para melhor proteção dos grãos. Geralmente o paiol era montado em um recanto na sala das casas dos próprios agricultores, inclusive como meio de evitar a ação de insetos e roedores.

Esteticamente organizado, espigas superpostas e bem ajustadas para não desmoronarem, o paiol era o celeiro de onde o milho era retirado para consumo durante os sete meses de estiagem anual e até alcançar outra colheita. Mas, enquanto a safra não terminava, as famílias colhiam nos roçados, diariamente, o que precisavam para comer.

O milho que não ia para o paiol era despalhado e debulhado manualmente por mulheres e crianças que usavam sabugos na mão para reduzir o atrito e agilizar a tarefa. Era entendimento corrente que na debulha manual todos os grãos eram aproveitados. Depois de debulhado, o milho era sacudido em urupemba para limpar impurezas, antes de ser armazenado. Os agricultores de mais posses guardavam pouco milho na palha e debulhavam o restante em pequena máquina manual, simples e eficiente. Para armazenar os grãos, eles dispunham de silos de zinco, de variados tamanhos, que eram colocados em espaço de alvenaria chamado "armazém", localizado próximo às casas e que servia também para guardar o feijão de consumo e juntar o algodão produzido que se destinava à comercialização.

Os mais pobres guardavam as sementes selecionadas para o plantio seguinte em potes de barro, cabaças grandes ou latas de flandres, conhecidas como latas de "querosene". Esses depósitos eram fechados com tampas de madeira, de zinco ou flandres e até com sabugo de milho bem seco. Cera de abelha, resina vegetal, sebo de carneiro ou parafina contornavam as tampas para reforçar a vedação. Eram processos precários, mas atendiam bem as necessidades dos agricultores. Eles sabiam que o milho podia ser armazenado por muito tempo sem perder qualidade, desde que bem protegido.

A necessidade de manter reserva de milho para enfrentar a incerteza das secas limitava em muito o seu uso direto fora da alimentação humana. Outras finalidades só ocorriam quando algum animal doméstico adoecia, ou precisava de trato especial; quando os muares iam para longas viagens ou para permanência no mato e necessitavam de complementação alimentar. Na abundância as galinhas só precisavam de milho em grão quando eram confinadas para engordar, estavam chocas, ou com ninhadas de pintos, guinés ou patos.

Criadas soltas, as galinhas alimentavam-se com ramas verdes, frutos silvestres, sementes, insetos e resíduos de currais. Na escassez, além de faltarem esses alimentos naturais, o milho deveria ser poupado para assegurar por mais tempo o uso humano, especialmente para os mais pobres do meio rural. Só os agricultores mais aquinhoados que dispunham de maiores reservas de milho é que criavam galinhas nas estiagens, mas com certa parcimônia. Daí porque era a galinha uma iguaria em qualquer mesa do Semiárido. Assada, cozida, ensopada ou no molho, compunha o cardápio doméstico em momentos festivos, nas domingueiras, na chegada de visitas, em encontros com pessoas afetivamente mais próximas, nas pastorais religiosas.

Cozida, acompanhada de pirão – a galinha de parida – era considerada comida de "sustança", sem "reima" e indispensável na dieta de parturientes e de idosos. Respeitar esse cardápio era uma questão cultural tão forte que enquanto a mulher estivesse de "resguardo" (até 30 dias após o parto) deveria se alimentar diariamente com galinha que era servida com alguma comida à base de milho, a exemplo das farofas e pirões preparados com farinha de milho ou cuscuz, além do acompanhamento com xerém ou mugunzá. A farinha de mandioca era também de uso corrente, apenas em menor escala.

A caatinga tem recursos naturais que não sofrem com o ciclo das secas e, quando o fenômeno ocorria, era deles que os mais pobres retiravam frutos, folhas, cocos silvestres e sementes (macambira, coco catulé, ingá, jatobá, entre outros) para transformá-los em farinhas muito rústicas que substituíam as de milho e de mandioca no preparo, de forma compulsória, de papas, mingaus, angus e "pães".

## Comidas de milho no Semiárido

As comidas de milho consideradas básicas – cuscuz, farinha de milho, xerém (quirera, canjiquinha), mugunzá (canjica), fuba, angu – puras, como acompanhamento ou como ingrediente principal, prestam-se a qualquer das refeições, da entrada à sobremesa, pela diversidade de formas com que podem ser preparadas. Possibilitam variações de pratos com sabores bem distintos e agradáveis a exigentes paladares. Estão presentes em combinações que durante décadas só eram consumidas pelo povo da região, a exemplo do mugunzá salgado, da fuba com açúcar, do pirão de cuscuz. Outras preparações, tais como bolos, fritada, mingau, sopa, embora usuais, não tiveram no dia a dia da alimentação sertaneja a mesma expressão que as básicas.

Essa pluralidade tem origem no próprio regime de escassez característico do Semiárido; na criatividade africana e na reprodução de algo que já faziam os índios. Os portugueses, por muitos anos, não deram valor ao milho na alimentação humana, destinado a alimentar animais e escravos. E foi da permissão que tiveram dos colonizadores para usar determinados ingredientes que os escravos criaram muitos jeitos de preparar milho, usando o modo de fazer africano.

O milho em grão é usado nas formas seco, verde e zarolho. No dizer popular, zarolho "é o milho que está querendo secar", "milho da palha amarelada", portanto, bem maduro. Comidas que utilizavam milho zarolho ou verde eram sazonais. Dependiam de safras regulares e ficavam restritas ao período de colheita. A expansão de áreas cultivadas e o surgimento mais recente de perímetros irrigados na região e em outras possibilitaram com frequência a exposição e venda de espigas de milho verdes e maduras, com ou sem palha, em feiras livres, mercados públicos, supermercados e até em acostamentos e margens de estradas.

Assim, pratos como canjica (curau), pamonha, bolo de pamonha ou pamonha assada, angu, cuscuz, farinha de milho e xerém de milho zarolho deixaram de ser sazonais no Semiárido. O mesmo aconteceu com a própria espiga verde, muito apreciada, tanto cozida quanto assada. O consumo do milho verde começava quando a espiga apresentava alguma condição para ser cozida e se estendia, em colheita diária, até quando acabava o milho zarolho.

*Milho verde assado*

Para assar na palha, a espiga é colocada por algumas horas em rescaldo. Os grãos perdem pouca umidade, tornam-se um misto de milho cozido e assado, exalam cheiro semelhante ao da canjica e ficam com sabor muito apurado. Prática comum não só nos fogões a lenha como nas fogueiras de São João nas quais as espigas são colocadas embaixo das cinzas, à noite, e retiradas no dia seguinte pela manhã. Espigas quase maduras, conhecidas no meio do povo como "as que estão com a 'boneca' mudando o cabelo" têm maior preferência para assar. Despalhado e limpo, o milho é assado em grelhas de arame sobre brasas ou diretamente na brasa, com uso de espetos de marmeleiro ou de arame grosso, ou apenas com a espiga colocada em posição vertical equilibrada ao lado do braseiro de fogão a lenha. Em período de fartura, em cada casa há sempre alguém assando uma espiga. Milho assado não compõe refeição. É guloseima.

*Milho verde cozido*

Depois de despalhadas e limpas, as espigas eram separadas em verdinhas e maduras. As maduras, levemente raladas em ralo de flandres manual, eram colocadas junto com as verdinhas para cozinhar inteiras, em pouca água fervendo, sal a gosto, panela tampada e forrada com as palhas mais viçosas que, segundo o entendimento popular, ajudam a acentuar o sabor do milho. Retiradas as espigas, a água do cozimento, de sabor característico, era misturada com nata, leite ou manteiga e servida como caldo. Depois de cozido, o milho era consumido diretamente na espiga, de forma pura ou impregnado com nata ou manteiga e acompanhava leite e café.

As raladas quase sempre eram colocadas em prato fundo, em posição vertical, seguradas por uma das extremidades e raspadas com faca para soltar o creme que sai por completo. A casca do milho fica no sabugo e o creme no próprio prato, para misturar com manteiga, nata ou leite. Essa é uma forma bastante usual na alimentação de crianças. Cozido em água e sal, o milho verde faz parte do café da manhã e ceia. Misturado a carnes, caças e aves é servido em almoço ou jantar.

O milho verde na espiga, com palha ou despalhado, era comercializado no "retalho" (venda unitária, a granel, no varejo) ou em "mão" (unidade de medida que corresponde a um conjunto de espigas de número variável, segundo padrões estaduais). Seco, o milho era comercializado em grãos. Quando no "atacado" ou "em grosso", era vendido em sacas confeccionadas em tecido de algodão de malha muito grossa com capacidade para 60 kg.

Para vendas no retalho usava-se a "cuia" como unidade de referência. Havia a que correspondia aproximadamente a dez litros; a meia-cuia, a cinco litros; e a básica era de um litro. Portanto, o milho em grão, no retalho, era medido por unidade de volume e não de peso, como acontecia no atacado.

As cuias para medidas eram peças feitas artesanalmente em madeira resistente para as de formato quadrado; se redondas, eram confeccionadas em folhas de zinco. Eram de uso em mercearias, mercados, feiras livres, locais de produção para concretizar vendas de feijão, arroz, farinha de milho e de mandioca, goma seca, fava e similares.

Câmara Cascudo define a "mão de milho" como "medida usada pelos sertanejos para venda de milho não debulhado e que consta de 50 espigas".[6] A afirmativa não corresponde ao que está registrado em outras fontes. Além de haver inúmeras variações em relação ao número de espigas por "mão", essa

---

6  Luiz da Câmara Cascudo. *Dicionário do folclore Brasileiro*. Ed. revista, atualizada, ilustrada. São Paulo: Global, 2001.

forma não é de uso exclusivo de sertanejos como unidade de medida para o milho sem debulhar. Segundo o Dicionário Aurélio: "Medida usada pelos sertanejos para venda de milho não debulhado e que consta de 50 espigas em PE, de 25 em AL, de 60 em SP, de 64 no RS"[7]. O Aurélio registra *atilho* como unidade de medida que corresponde a um feixe de quatro espigas de milho. Daí poder-se acreditar que no Rio Grande do Sul a mão de milho de 64 espigas corresponde a uma contagem em atilhos, no caso 16.

Em Goiás, conforme registro de Ana Claudia Lima e Alves e Nadja Naira Sousa e Alcântara, "Cada mão de milho tem 60 espigas (...)"[8]. Rafaela Basso registra no anexo de sua dissertação de mestrado: "Mão*: unidade usada para medir o milho não debulhado, equivalente a aproximadamente 60 espigas de milho. 1 mão*: 24 arráteis, ou seja 11 quilos".[9] Potira Morena Souza Benko de Uru, em sua Monografia de Especialização, escreveu: "O consumidor ou o comerciante adquire o produto na quantidade desejada ou em unidades ou em sacos ou atilho (composto por seis espigas)".[10] Paraíba e Rio Grande do Norte adotam 50 espigas.

---

7  Aurélio Buarque de Holanda Ferreira. *Novo Dicionário da Língua Portuguesa*. 1ª ed. (11ª impressão). Nova Fronteira, 1975.
8  Ana Cláudia Lima e Alves & Nadja N. S. Alcântara. *Pamonhada, uma Referência Cultural Goiana*. Trabalho apresentado na 27ª Reunião Brasileira de Antropologia, realizada entre os dias 01 e 04 de agosto de 2010, Belém, Pará, Brasil.
9  Rafaela Basso. *A cultura alimentar paulista: uma civilização do milho?* Campinas, SP 2012. Anexo – Tabela de conversão de medida e valores p. 201.
10 Potira Morena Souza Benko de Uru. *Do milho à pamonha*. Mono-

Nos locais de vendas de espigas na palha são elas amontoadas e, a cada operação, o vendedor agrupa na mão um conjunto de cinco unidades e conta como se fosse apenas uma. Assim, quando conta dez unidades, já obtém uma "mão de milho" de 50 espigas. No entendimento popular de determinados locais, isso representa os cinco dedos que formam a mão numa alusão à "mão", enquanto unidade de medida, usada na hora da comercialização do produto. Também, pode-se inferir que nessa prática popular haja correlação com o sistema de numeração que era usado pelos tupis com base no número cinco, equivalente aos cinco dedos da mão.

A venda de espigas verdes despalhadas é procedimento que começou a ser adotado em passado mais recente, com a oferta contínua do produto por todo o país, através de redes de supermercados, feiras livres, mercados públicos e até por ambulantes nas grandes cidades.

A palha da espiga do milho verde é utilizada para forrar a panela em que se cozinha o milho; forrar pilão para pisar milho cru, seco; fazer invólucros para colocar a massa de pamonhas e amarras para fechá-los; envolver espigas para cozinhar ou depois de cozidas ou assadas, na hora de servir; assar milho em rescaldo, alimentar animais domésticos. Palhas e sabugos de milho cozido tinham destino especial na alimentação de porcos em ceva.

A palha da espiga do milho seco era invólucro para "fumo de rolo"– cortado bem fininho – para fazer cigarros manuais. De tão comum, essa função teve registro na música popular.

---

grafia (especialização) – Universidade de Brasília, Centro de Excelência em Turismo, 2007, p. 33.

Foi uma prática que caiu em desuso juntamente com a da confecção de chinelos. Molhada, servia para forrar pilão para pisar milho cru, seco. Outras destinações ainda permanecem, tais como: embalar rapaduras, batidas, doces e balas; servir de combustão para acender fogo e como forragem animal. Em anos mais recentes o artesanato popular intensificou, diversificou e aperfeiçoou o uso dessa palha em peças bem elaboradas para decoração, utilitários, símbolos religiosos e até brinquedos infantis, como bonecas, petecas... O cabelo do milho seco era empregado em chás, como diurético.

O sabugo do milho verde era alimento animal; o do milho seco, além desse emprego tinha também outros usos: vedador de garrafas, latas, quartinhas de barro, cabaças; na higiene pessoal; no artesanato; em brincadeiras de crianças; na debulha do milho seco; em combustão. Na atualidade é industrializado em escala para vários fins, incluindo adubo e ração animal.

A indústria de produtos alimentares de milho deixou fora da sua pauta duas farinhas de uso cotidiano no sertão: fuba e farinha de milho. Permaneceram como produto exclusivamente artesanal e, ao longo do tempo, foram perdendo consumo nos pequenos hotéis, nos pontos de venda de comidas, em feiras e mercados e até nas cozinhas familiares, locais em que pontificaram por muito tempo. O mesmo não ocorreu com o mugunzá, o xerém e a massa de milho para cuscuz (o fubá) que a indústria processou, disseminou e o mercado consumidor do Nordeste absorveu com sucesso.

*Fuba*

Farinha muito fina, múltiplos usos na alimentação, feita com milho cru, seco e torrado. No Nordeste é pouco conheci-

## Milho: o rei dos alimentos na cozinha do Semiárido Brasileiro

da fora do Semiárido. Embora seja uma farinha muitas vezes confundida com o fubá que se usa na preparação do cuscuz, a fuba nunca teve essa destinação entre suas inúmeras opções de emprego. Para prepará-la levava-se ao fogo o caco do milho. Depois de bem aquecido o milho era nele despejado e mexido com pá de madeira em sentido esquerda/direita, sem parar, até que os grãos adquirissem cor tostada, uniforme. Em seguida esse milho era pisado em pilão ou moído em máquina manual, peneirado em urupemba ou em peneira de arame, ambas de malhas bem finas.

Depois de pronta, para evitar umidade, era guardada em lata ou vidro bem vedado dos quais era retirada para uso na cozinha ou ir diretamente para a mesa, em tigela ou farinheira, para acompanhar ou compor outros pratos. No presente está limitada à produção em unidades de fabricação caseira, algumas até conhecidas como "de fundo de quintal", ou em pequenas indústrias em cidades do interior.

De uso abrangente, em época de fartura era servida no café da manhã misturada com ovo, ou coalhada, ou leite, adoçado ou não. Em outras refeições acompanhava feijão, carnes e caças junto com rapadura. Prestava-se a farofas e espessante de caldos e quase não tinha uso no preparo de pirão. Com açúcar, mel de abelha, de rapadura ou de engenho (melado) era sobremesa ou merenda, além de compor dieta de anêmicos. Na banana machucada e adoçada, era refeição de crianças pequenas, apreciada também pelas demais e muito saboreada por adultos. Uma particularidade chama a atenção para o uso da fuba: presta-se a muitas combinações com sabores doces.

Com a boca cheia de fuba, pura ou com açúcar, crianças maiores faziam muitas brincadeiras provocativas. Falavam a palavra "fuba" bem perto do rosto umas das outras, e o pó fino, característico, se espalhava, atingia e sujava cabelos, olhos, nariz. Isso gerava verdadeira "batalha de fuba" que só acabava com a interferência de adultos que se irritavam com o estrago da farinha e a sujeira que ficava impregnada no chão.

*Massa de milho*

Era obtida de duas formas: com o milho zarolho cru, caso em que a espiga era ralada e a massa peneirada; com o milho cru, seco, debulhado, reidratado em água quente e moído ou com ele reidratado diretamente na espiga, colocando-a de molho sem debulhar e o milho ralado e peneirado. Essa massa destinava-se à elaboração de várias comidas, a exemplo de cuscuz, xerém, angu, bolos e farinha de milho. Enquanto havia espigas maduras para colher, a massa do milho zarolho era usada diariamente e os pratos eram nominados acrescentando-se a expressão "de milho zarolho" ou simplesmente "de milho novo". Assim, tinha-se "cuscuz de milho zarolho", "farinha de milho zarolho", "xerém de milho novo". Para reidratar o milho cru, seco, esfregavam-se os grãos (com as mãos) para soltar impurezas e lavar. À noite, diariamente, eram colocados de molho em água fervendo, em panela de barro – "a panela do milho" – que ficava tampada, fora do fogo, até o dia seguinte. O milho amanhecia reidratado, pré-cozido. Depois de moído e peneirado estava pronta a massa que, como a de milho zarolho, se destinava à elaboração de várias comidas. Obtinha-se essa mesma massa colocando-se a espiga de milho seco de molho para hidratar em água fria, de um dia para outro, e ralar e peneirar antes de usar.

Essas massas, diferentes nas formas de processar, tinham usos absolutamente idênticos. As comidas com elas preparadas é que se diferenciavam em textura e sabor, depois de prontas. Foram massas substituídas integralmente pelo fubá que foi introduzido na cozinha sertaneja com a chegada da industrialização.

## Farinha de milho

Feita com "massa de milho" torrada. Para prepará-la a massa era colocada no caco do milho pré-aquecido e em fogo baixo. Mexia-se sem parar com pá de madeira até que a massa ficasse com uma cor uniforme e completamente torrada, quando era retirada do fogo. Depois de fria era guardada em vidros ou latas. Tinha emprego análogo ao da farinha de mandioca. Era, entretanto, de uso mais frequente e economicamente mais accessível por sua preparação doméstica com milho "de lavra", assim chamado o de produção própria. Ao longo das últimas décadas reduziu seu uso até mesmo na cozinha rural do Semiárido. Não chegou a ser reproduzida pela indústria e foi "tragada" por opções similares que entraram no mercado nacional. Dificilmente poderá recuperar a presença que teve na mesa sertaneja. Usava-se misturada a ovo, coalhada, leite, feijão, carne, galinha, caças, peixes, miúdos, mel, rapadura; em pirões, farofas, e fritadas em mesas de qualquer classe social, nas diferentes refeições.

## Cuscuz

O cuscuz básico era feito com "massa de milho" (fubá) de preparação caseira, umedecida em água, sal a gosto e cozimento a vapor em cuscuzeiras ou em boca de panela. Neste último caso a massa era disposta em um prato de ágata, barro, ou alumínio, coberta com um pano de cozinha amarrado com um nó no fundo do prato que era emborcado na boca de uma panela com água fria para ir ao fogo. O lado do prato em que estava a massa ficava voltado para a água e o do nó servia de pegador na hora de retirar o cuscuz do fogo.

Nas famílias de qualquer classe social o cuscuz fazia parte, diariamente, das três refeições, sob as mais diversas formas de preparo. No campo ou nas cidades do interior era chamado de "pão" ou de "pão de milho". Substituía o tradicional pão de farinha de trigo, de baixa produção em padarias de fogo a lenha nas pequenas cidades e não havia o hábito de se fazer pães caseiros, como em outras regiões. Os pães francês, doce, crioulo ou seda, comuns no sertão, só chegavam ao meio rural quando adquiridos pelas famílias em dias de feira em cidades próximas, que os levavam para casa como iguaria para filhos pequenos.

Em época de fartura ou na casa dos que podiam mais, o cuscuz no café da manhã ou na ceia era servido com leite, manteiga, nata, queijo, ovo ou carne, junto com uma xícara de café, com ou sem leite. Na casa dos mais pobres, durante a escassez, limitava-se ao acompanhamento do "café preto". Há também o "cuscuz de goma" ou "cuscuz com liga", que é preparado juntando-se à massa de milho uma porção de goma de tapioca ou de farinha de mandioca. Depois de pronto e ainda bem quente é impregnado de manteiga e servido tanto no café da manhã quanto na ceia. Há predileção para o preparado com a massa do milho zarolho. Nessas refeições serve-se com menor frequência o cuscuz ensopado, também chamado de cuscuz doce ou cuscuz de coco. É o básico, de água e sal, ensopado com leite de coco, de vaca ou de cabra, adoçado a gosto com açúcar. Tem consumo regular em hotéis, feiras e mercados, festas populares, inclusive na de São João, quando é servido puro ou acompanhando carne assada. Nas famílias é servido como merenda ou sobremesa. O mesmo ocorre com a mistura do cuscuz com mel de abelha, mel de rapadura, ou mel de engenho ou apenas acompanhando rapadura.

Na hora do almoço o mesmo cuscuz de água e sal chega à mesa para ser misturado ao feijão ou para engrossar-lhe o caldo para a alimentação de crianças. Quando esfarelado, transformado em farinha grossa, tem emprego em variadas farofas: com resíduos de fundo de panelas, com linguiças, miúdos, fígado, couro de toucinho, carne de sol ou de charque, ovo, banana frita, temperos verdes, ou apenas com cebola refogada na manteiga, entre outras que dependem da criatividade de quem cozinha.

É comum servir feijão-verde escorrido, misturado na farofa de cuscuz com manteiga de garrafa, com algum tipo de carne e acompanhado de rapadura. Com o cuscuz bem esfarelado, colocado lentamente em qualquer tipo de caldo (peixes, carnes, aves, caças), fogo baixo e sem parar de mexer, prepara-se pirão, prato muito apreciado, inclusive pelas crianças. No entendimento popular é comida gostosa, de sustança e sem reima, ou seja, é nutritiva e não causa nenhum dano à saúde.

*Mugunzá*

Mugunzá, mungunzá, manguzá, mucunzá, denominações usuais no Semiárido; todas dicionarizadas. Conhecido como "canjica" em outras regiões nas quais tem uso bastante limitado em relação ao que tem na cozinha sertaneja. A preparação do milho cru, seco, para o mugunzá era feita exclusivamente em pilão, apetrecho essencial em qualquer casa sertaneja. Tanto o pilão quanto a "mão de pilão", peça que é empunhada para triturar o que estiver contido em um pilão, eram feitos de madeira dura como baraúna, aroeira, oiticica, e sempre bem esculpidos.

Descascar e desolhar o milho no pilão era tarefa executada magistralmente por mulheres, conhecidas como as sulas, que em duplas cantavam toadas à medida que levantavam e baixavam a mão de pilão sobre os grãos, de forma alternada, ágil e cadenciada. De tão repetidas, as toadas tornavam-se monótonas, a exemplo de uma que me ficou guardada na memória: "Esta sula não me deu/Sula deu/Esta sula não me dá/ Sula dá". Era um trabalho exaustivo, exigia técnica e confiança mútua para sua boa execução. As mulheres ficavam "lavadas de suor" na hora em que concluíam o trabalho.

Antes de começar a pisar o milho, o pilão era forrado com palhas molhadas para proteger o mais possível a integridade dos grãos, capricho que as sulas faziam questão de exaltar e que era objeto de disputa entre duplas. Algumas expressões de uso comum caracterizavam a tarefa: "tirar o olho do milho", "desolhar o milho", "soltar a palha" isto é, retirar a casca e deixar o grão bem limpo.

Com a introdução de produtos industrializados houve predominância do uso do milho branco sobre a do amarelo e os grãos perderam aparência porque se tornaram bastante quebrados, condição que era rechaçada na preparação artesanal. Inexpressivas, entretanto, foram as alterações de sabor e textura na preparação dos inúmeros pratos em que têm presença marcante. É encontrado facilmente à venda em todo o país.

Embora sem dados estatísticos sobre o uso do milho branco na preparação do mugunzá, infere-se sua predominância com base em observações comparativas da quantidade do produto exposto em prateleiras de vários supermercados; na oferta do prato como um dos principais servidos nos festejos juninos; no que consta em receitas do mugunzá disponibilizadas na internet. Mara Salles[11] registra "Canjica no Sudeste é feita com milho branco". (...) "Por lá, mungunzá, ou mugunzá é um prato salgado feito com milho branco, a canjica do Sudeste". Em receita de Maria Letícia Cavalcanti[12] encontra-se "Mungunzá – Ingredientes: ½ kg de milho branco (...)".

Cozinhar o mugunzá em água e sal era a forma básica de prepará-lo. Na escassez, o uso compulsório de poucos grãos e muita água para cozinhá-los descaracterizava tanto o sabor que era pejorativamente chamado de "chá de burro". Na seca o sertanejo usava formas de preparo para determinados alimentos que eram totalmente desprezadas em tempos de inverno. Por isso davam-lhes apelidos irreverentes.

Na abundância e na cozinha dos de maiores posses usava-se adequadamente a quantidade da água para o cozimento do mugunzá e alguns grãos, depois de macios, eram amassados na própria panela para tornar o caldo mais cremoso. Esse caldo, puro ou misturado com leite, fazia parte da alimentação de crianças e compunha a dieta de idosos e enfermos. Com toque de manteiga ou nata ou misturado com queijo ou ovo o mugunzá era servido no café da manhã ou na ceia em momentos de menor escassez. Havia também a opção de juntá-lo a fragmentos de carne, aves, miúdos, caças, para servir em prato fundo com uso de colher.

Na realidade tratava-se de uma sopa que não era assim nominada. Com esse mesmo preparo, ou puro, o caldo funcionava também como tira-gosto, servido em caneco ou xícara

---

11 Mara Salles. *Ambiências – Histórias e Receitas do Brasil*. São Paulo: DBA – Doria Books and Art. 2001, p. 120.
12 Maria Letícia Monteiro Cavalcanti. *História dos sabores pernambucanos*. Recife: Fundação Gilberto Freyre, 2009, p. 330.

de chá, tanto nas famílias quanto em barracas de feira, hotéis do interior, botecos. Era tido como alimento forte e proveitoso para a saúde.

O mugunzá, quando preparado na forma doce, com uso do leite de coco, de vaca ou de cabra, açúcar, sal, manteiga, cravo-da-índia e canela tornou-se comum na cozinha de todas as regiões brasileiras. É prato característico do folclore alimentar nas festas de São João. Nessas festas, atualmente, são encontradas tradicionais e contemporâneas comidas de milho, do principal à sobremesa. No sertão o mugunzá doce era servido como sobremesa, merenda ou prato de ceia. Mugunzá com leite se alternava com xerém e cuscuz, no café da manhã. Havia os que adicionavam açúcar ao leite, no próprio prato.

A forma salgada é do trivial nordestino, até nossos dias, notadamente na área rural e em cidades do interior. Tanto acompanha como é preparado com carne de sol ou de charque; costelas de boi, bode, carneiro ou porco; linguiça; tripas; mão de vaca (pata dianteira da vaca); torreiro, couro de toucinho cozido; aves, peixe, linguiça, moela de galinha; caças, miúdos, ou apenas temperado com cebola, tomate, alho, louro, pimenta-do-reino. Cozido junto com feijão e mão de vaca ou mocotós de bode, de carneiro ou de porco, recebe no sertão pernambucano o nome de "rubacão", mesma denominação dada ao "baião de dois" (feijão com arroz, queijo de coalho e temperos) no litoral da Paraíba.

O mugunzá salgado tanto se usa misturado ao feijão como o substitui em muitas receitas. Quando preparado com bucho bovino é uma "dobradinha" em que entra no lugar do feijão branco. Prato saboroso, muito nutritivo, econômico e pouco conhecido em outros locais fora do Semiárido. Há no Piauí um prato elaborado com mugunzá, feijão e carnes, chamado apenas de "mugunzá". Os cearenses têm uma preparação do mugunzá com feijão ou fava cozinhado junto com pé de porco, língua e toucinho. Assemelha-se a uma feijoada. A diversidade de combinações a que se presta poderia dar ao mugunzá a alcunha de "ingrediente solidário". É difícil prever os sabores que ele pode gerar nas suas preparações salgadas.

*Xerém*

Em sua preparação artesanal era o resíduo grosso que ficava retido na urupemba quando se sessava massa de milho moído ou ralado. Com a urupemba em movimento para frente e para trás sacudia-se a casca que se acumulava junto com o xerém. Em seguida essa massa grossa era colocada em vasilha com água fria para retirar o restante da casca que flutuava. Completada a limpeza, escorria-se a água e colocava-se o xerém para cozinhar em panela com água fervendo, sal a gosto, fogo baixo e mexendo de vez em quando para não "pegar", até o granulado amolecer e ficar cremoso. Para fazer um xerém com mais liga, misturava-se um pouco da massa de milho que se destinava ao cuscuz.

"Canjiquinha", "quirera" são denominações que o xerém nordestino recebe em outras regiões. Depois de industrializado modificou-se em textura e sabor e, atualmente, em determinadas redes de supermercados, só aparece exposto em prateleiras de alimentos animais. Em todo o Nordeste é encontrado em feiras, mercados e em quaisquer locais de venda de alimentos e faz parte da relação de produtos de indústrias alimentícias regionais, algumas instaladas em cidades do interior. Comida de consumo diário, textura cremosa, seu emprego culinário em tudo se assemelha ao do mugunzá: é cozido em água e sal e servido com leite (adoçado, ou não), manteiga, nata, ovo ou queijo no café da manhã e ceia. No almoço acompanhava feijão, carnes, aves, peixes, caças, tripas, fígado, miúdos, toucinho, linguiça, sarapatel, torreiro, ensopados e costelas, em múltiplas combinações ou era cozinhado junto com alguns deles. O caldo, com ou sem leite, era empregado na alimentação infantil. Com manteiga ou com fragmentos salgados tinha uso como aperitivo.

Dessa forma percebe-se que o xerém está presente em variados pratos para qualquer das refeições. Popularmente era conhecido como "arroz de pobre" porque exercia papel culinário semelhante ao do arroz. Era, entretanto, mais nutritivo, mais versátil e de menor custo que o arroz. Em períodos de maiores restrições alimentares impostas aos mais pobres, eles consumiam o xerém de água e sal sem nenhum acompanhamento.

O monjolo, talvez por depender de água corrente para seu funcionamento como pilão para cereais, não teve no Semiárido a presença marcante registrada em outras regiões. Xerém com o milho quebrado diretamente em pedra mó e até mesmo em pilão era prática insignificante.

*Angu*

Comida de uso frequente nos períodos de fartura e de escassez, preparada nos sabores salgado e doce, com massa de milho ou xerém. Na fartura, a massa do milho ou o xerém para o angu salgado eram dissolvidos em leite de vaca, de cabra ou de coco, ou em algum caldo e sal a gosto. Na preparação doce as massas eram dissolvidas em qualquer dos leites, adoçadas com açúcar e levavam uma pitada de sal. Salgada ou doce a massa era colocada em fogo baixo e mexida com colher de pau, sem parar, até adquirir a consistência desejada e completar o cozimento, o que ocorre com cerca de uma hora e com a massa começando a soltar das laterais da panela. A exemplo de outras comidas de milho, era servido puro e, conforme a refeição, acompanhava de café a feijão e torrados, em inúmeras combinações próprias da época de fartura.

O mesmo não ocorria nas "secas brabas", na casa dos menos favorecidos. Nelas a massa do angu era dissolvida e cozinhada em água e sal. O angu era servido puro ou com café fraco no café da manhã e no jantar. No almoço acompanhava o feijão ou era misturado ao caldo ralo, como espessante.

*Pamonha e canjica*

Preparadas com os mesmos ingredientes, têm como base a massa de milho verde, água, leite de coco (grosso e fino), manteiga, pitada de sal, açúcar. No caso da pamonha salgada, de uso mais restrito, reduzia-se o açúcar, aumentava-se o sal e acrescentava-se um pouco de queijo de coalho ralado. Depois de prontas – pamonha e canjica – se diferenciavam em textura e sabor pelos processos de cocção. Sempre foram elaboradas juntas e são de preparo complexo – o que é pouco comum na cozinha do Semiárido. São comidas próprias de comemorações e bem aceitas por adultos e crianças.

Antes de começar a haver oferta de milho verde com certa regularidade na região, canjica e pamonha foram pratos exclusivos de anos em que as condições ambientais permitiam a colheita regular do cereal. Quando isso ocorria, faziam parte da mesa de pessoas de qualquer camada social. Simbolizavam a fartura de um bom ano de inverno. De confecção artesanal, era comida agregadora. A cada preparação reuniam-se familiares, amigos e vizinhos para assumir tarefas e ao final confraternizar e consumir juntos as iguarias, acompanhadas de um bom café. Era de praxe fazê-las em quantidades tais que houvesse sobra suficiente para presentear pessoas outras do círculo de relacionamentos que estavam ausentes da confraternização.

Aos homens cabia, no início do dia, colher as espigas nos roçados e entregá-las no local determinado para o trabalho, geralmente latadas ao lado das casas ou qualquer outro espaço mais amplo que pudesse acomodar as pessoas e a grande quantidade de apetrechos e de milho. Deveriam escolher as espigas de palhas de verde mais viçoso e cabelo marrom, por serem as de ponto correto de maturação tanto para a canjica quanto para a pamonha.

O rito iniciava-se com um grupo de mulheres e algumas crianças sentadas em círculo, panos amarrados na cabeça, apetrechos na mão para tarefas sequenciadas e divididas. Começavam por rolar a palha, com faca amolada, na extremidade mais dura de cada espiga, retirá-la cuidadosamente e selecionar as maiores e mais viçosas para servirem de invólucro em formato de saquinhos para levar a massa das pamonhas ao fogo. Das palhas restantes retiravam-se tiras para fazer as amarras que fecham os invólucros. Essas palhas eram arrumadas em caldeirões ou tachos com água fervendo para amaciarem e suportar dobraduras ou costuras – feitas a mão ou a máquina – necessárias à preparação do saquinho que vai receber a massa.

Na sequência as espigas eram limpas e o milho ralado em ralo de flandres ou cortado diretamente do sabugo e moído. A massa que se obtinha era peneirada em urupemba ou peneira de malhas finas. Passava-se um pouco d'água no resíduo que ficava na peneira e espremia-se com a mão para aproveitar melhor a massa que em seguida era temperada ao modo de cada casa. Entre famílias numerosas ou mais pobres havia as que não peneiravam a massa para aumentar-lhe o rendimento. O resíduo que sobrava era usado como alimento de pintos.

Excluía-se o tempero da parte da massa que fosse destinada à pamonha assada, chamada também de "bolo de pamonha" ou "pamonha de forno". Para fazê-la a massa era colocada em uma panela e levada ao fogo baixo, mexendo sem parar. Quando adquiria consistência era retirada do fogo, temperada e bem misturada para incorporar os ingredientes e ser colocada em fôrma untada para assar em forno médio.

A parte da massa destinada à pamonha cozida era envasada nos saquinhos de palha e colocada para cozinhar em fogo médio, na mesma água em que as palhas foram aferventadas. Atinge ponto de cozimento quando a massa estiver consistente e exalando acentuado cheiro característico. No Semiárido as receitas de pamonhas mantêm em comum com as das demais regiões do país tanto o uso da massa na palha quanto a forma de cozinhar. As diferenças referem-se apenas a pequenas variações de temperos.

A massa do milho com a água e o leite de coco para fazer a canjica é misturada para unificar, antes de ir ao fogo. Em seguida é colocada em caldeirão e levada diretamente ao fogo baixo para cozinhar, mexendo sem parar, com uso de colher de pau de cabo longo. Depois que a massa engrossa, juntam-se os demais ingredientes. A colher de pau de cabo longo era necessária para evitar queimadura nas mãos e braços de quem estivesse mexendo porque quando o creme começava a ferver fazia bolhas grandes que saltavam para fora da panela.

A tarefa de mexer era restrita a mulheres que tivessem "mão boa" e conhecessem os melindres daquela comida que só admitia direção única para a colher de pau. Duas coisas eram fundamentais para uma canjica de qualidade: escolha correta do estado de maturação do milho e tempo de cozimento da massa. Dizia-se: "canjica é para ter gosto de canjica e não de milho verde e, depois de fria, é para ser cortada em talhadas com uso de uma faca. Massa com pouco tempo de cozimento e servida com colher não é canjica, é angu".

O tempo de cozimento é longo. Depois que a massa engrossa ainda leva mais de uma hora de fogo e só depois que encrespa na superfície, começa a soltar das paredes laterais do caldeirão e "murcha" um pouco é que estará cozida. Retirada do fogo, a canjica é despejada em travessas e recebe um acabamento com artísticos desenhos geométricos, feito com canela em pó.

O final da preparação da canjica era esperado com ansiedade pelos colaboradores do trabalho, que aguardam o momento de saborear a sobra meio tostada que é raspada no fundo do caldeirão e servida democraticamente aos presentes, acompanhada de café.

Como eram comidas preparadas em grandes quantidades e de curta validade, o consumo se iniciava imediatamente após o preparo e continuava em cada refeição subsequente. Na hora do almoço a pamonha, doce ou salgada, acompanhava carne ou feijão, enquanto a canjica e o bolo eram servidos como sobremesa.

Ao lado das comidas básicas, o milho estava presente em bolos com massa de milho seco, tais como o cururu, a orelha de pau. A maisena tinha uso mais restrito. Entrava na preparação de manjar, papa, mingau, bolo.

## Cardápios e receitas

No sertão a comida, na quase totalidade, era preparada "no olho", ou seja, não havia exigências padronizadas para quantificar ingredientes na hora da execução de determinados pratos, especialmente os do dia a dia. A escassez ensinava como fazer combinações simples, saborosas e até mesmo requintadas, e a tradição oral se encarregava de transmitir o que dava certo. Cozinhava-se como se o melhor fosse o prazer de recriar pratos para deleite de quem ia saboreá-los. O que menos importava eram receitas colocadas em "molduras" rígidas de medidas em gramas, colheres... O rigor das medidas se contrapunha, de certo modo, aos "punhados de coentro", "pires de manteiga", "tigelas de macaxeira", "pesadas de carne", "pitadas de sal", "todos os temperos", comuns no linguajar popular das receitas sertanejas.

*Café da manhã*

Refeição de comidas simples e variadas em que as de milho tinham predominância acentuada e se alternavam com tapioca, banana cozida, ovo, queijo, coalhada; jerimum e batata-doce com leite; cuscuz de massa de mandioca, e até carne, inclusive de caças.

Nas secas, pessoas pobres faziam opção entre cuscuz, xerém, ou mugunzá e consumiam com café preto fraco, ou chá. Os extremamente pobres improvisavam refeição com o que a natureza disponibilizava para transformar em farinhas, que substituíam precariamente as de milho, e com elas fazer angu e "pão" de água e sal, alimentos que eram considerados de muito baixa expressão nutricional.

*Cardápio de café da manhã*

Cuscuz, xerém, mugunzá, milho cozido, farinha de milho e fuba com leite cozido de vaca ou de cabra

Cuscuz, xerém, mugunzá, com manteiga de garrafa, ou com ovo, ou nata, ou queijo acompanhados de café preto ou com leite

Coalhada com farinha de milho, açúcar ou rapadura raspada

Pamonha, canjica, bolo de pamonha com café preto ou com leite

*Almoço*

Em épocas de abundância era a refeição que mais realçava a presença das comidas básicas de milho de forma variada e acessível a todas as camadas sociais, o que permitia a democratização da mesa para todos que viviam da terra. Na escassez os muito pobres perdiam as "misturas", inclusive caças, e ficavam limitados ao feijão e mugunzá de caldos ralos e xerém. Comiam em completo desacordo com seus paladares.

*Cardápio de almoço*

Feijão com cuscuz e couro de toucinho

Xerém com carne de sol assada

Ensopado de carneiro e farofa de fundo de panela com cuscuz

Espinhaço de bode guisado e farofa de farinha de milho

Farofa de cuscuz com banana frita e coxão (pernil) de carneiro

Mão de vaca com pirão de cuscuz

Dobradinha de mugunzá

Mugunzá com feijão e costela de porco

Xerém com costela de porco torrada

Angu salgado com peixe assado na grelha

*Sobremesa e merenda*

As preparadas com milho, de uso diário, alternavam-se com outras, a exemplo de doces, bolos, biscoitos, sequilhos, chouriço, bolachas doces.

Da mesa dos pobres não constavam essas opções, embora as farinhas e a rapadura compusessem o dia a dia alimentar deles.

*Cardápio de sobremesa e merenda*

Cuscuz, fuba, ou farinha de milho com rapadura, mel de rapadura, ou de engenho, ou de abelha

Fuba com açúcar ou com banana e açúcar

Cuscuz ensopado (doce)

Mugunzá doce

Canjica e bolo de pamonha

Orelha de pau

Bolo cururu

*Ceia ou jantar*

Em famílias mais favorecidas era uma refeição de pratos rápidos como sopas variadas, farofas, papas; outros, repetidos do café da manhã ou improvisados com sobras do almoço; alguns preparados na hora. Comidas de milho variadas faziam a rotina, mas não eram exclusivas.

Fora do período de fartura, na casa dos pobres o que se usava era um feijão vencido, de caldo ralo engrossado com cuscuz, angu, ou com farinha de milho; mugunzá com muito caldo e pouco grão e chás calmantes.

*Cardápio de ceia ou janta*

Cuscuz de goma com massa de milho zarolho ou seco

Angu com ovo ou queijo

Mugunzá com iscas de carne, aves ou caças

Sopa de milho verde

Mal-assada

Canjica e pamonha

Caldo de mugunzá com leite

Farofa de cuscuz com peixe

## Receitas

✳

*FEIJÃO COM CUSCUZ E COURO DE TOUCINHO*

*Ingredientes para o feijão*

feijão seco

couro de toucinho

limão

sal e pimenta-do-reino

vinagre

folhas de louro

coentro e cebolinha bem picados

cebola roxa picada

tomatinho picado

alho amassado

*Modo de preparar o feijão*

Catar e lavar o feijão e reservar. Cortar o couro do toucinho em tiras ou cubos pequenos, passar em água de limão, escorrer e temperar com sal e pimenta-do-reino a gosto. Levar o toucinho ao fogo alto em água fervendo em panela grande tampada, por uns 10 a 15 minutos. Juntar o feijão e deixar em fogo baixo. Quando o feijão começar a amolecer, temperar com o vinagre, folhas de louro, coentro e cebolinha, cebola, tomatinho e alho. Manter a panela tampada e continuar em fogo baixo até que o toucinho e o feijão estejam macios.

*Ingredientes para o cuscuz*

massa de milho para cuscuz

água e sal

*Modo de preparar o cuscuz*

Umedecer a massa, salgar e deixar repousar um pouco para inchar. Arrumar a massa, sem apertar, em cuscuzeira ou panela de cozimento a vapor. Levar ao fogo baixo por 10 a 15 minutos, quando estará cozido.

Feijão e cuscuz inteiro vão para a mesa em vasilhas separadas. Cada pessoa machuca no próprio prato uma porção do feijão com o toucinho e acrescenta o cuscuz. Misturar tudo muito bem para comer junto com um pedaço de rapadura, ou com banana. É um dos pratos em que muitas pessoas costumavam comer com a mão, fazendo o "cancão" – bolinha amassada com os dedos – para levar à boca.

## XERÉM COM CARNE DE SOL ASSADA

*Ingredientes para o xerém*

xerém

água e sal

nata de leite

*Modo de preparar o xerém*

Colocar em fogo alto uma panela com água. Quando estiver fervendo, acrescentar o sal e o xerém, baixar o fogo e deixar cozinhar até a massa ficar macia e cremosa. Mexer algumas vezes para evitar que grude no fundo da panela. Na hora em que acabar de cozinhar, colocar a nata e mexer bem para incorporar.

*Ingredientes para a carne de sol*

carne de sol com gordura

cebola roxa grande

*Modo de preparar a carne de sol*

Colocar a carne de molho em água fria para dessalgar. Trocar a água o quanto precise. Retirar da água, enxugar, colocar em assadeira e levar ao forno pré-aquecido para assar na própria gordura. Colocar ao lado uma vasilha com água para manter a umidade da carne. Virar por duas ou três vezes até acabar de assar. Cortar a cebola em rodelas e refogar na gordura que ficou na assadeira.

Na hora de servir, fatiar a carne, colocar em travessa e cobrir com a cebola refogada e levar à mesa com o xerém em outro recipiente.

*FAROFA DE CUSCUZ COM BANANA FRITA*

*Ingredientes para a farofa*

um cuscuz de água e sal

banana

cebola roxa

coentro e cebolinha

manteiga de garrafa

*Modo de preparar a farofa de cuscuz com banana frita*

Fazer um cuscuz de água e sal (receita anterior). Com ele ainda quente, esfarelar com um garfo ou com a mão e reservar. Cortar as bananas em rodelas ou tiras bem finas e reservar. Picar miudinho a cebola, o coentro e a cebolinha, e reservar. Aquecer uma frigideira grande com a manteiga e fritar a banana até tostá-la um pouco de cada lado. Acrescentar o cuscuz e misturar bem. Em outra frigideira, refogar a cebola em bastante manteiga, acrescentar o coentro e a cebolinha para um refogado rápido, sem deixar que percam o verdor. Misturar ao cuscuz com a banana e servir como acompanhamento.

✳

## MÃO DE VACA* COM PIRÃO DE CUSCUZ

*É assim chamado no Sertão o conjunto formado pela perna e pata da vaca: mocotó, ou patas dianteiras.

*Ingredientes para a mão de vaca*

mão de vaca

limão

folhas de louro

cebola roxa pequena

sal e pimenta-do-reino

*Modo de preparar a mão de vaca*

Cortar a mão de vaca em rodelas e deixar de molho em água de limão por 15 minutos. Escorrer, lavar novamente e levar ao fogo alto em bastante água por cerca de duas horas. Retirar do fogo e deixar esfriar. Descartar o excesso de gordura; acrescentar as folhas de louro, a cebola ralada, o sal e a pimenta-do-reino a gosto. Voltar ao fogo baixo até a cartilagem ficar macia.

*Ingredientes para o pirão de cuscuz*

um cuscuz de água e sal

caldo de mão de vaca

*Modo de preparar o pirão de cuscuz*

Preparar um cuscuz de água e sal (receita anterior). Com ele ainda quente, esfarelar e reservar. Levar ao fogo bem baixo uma panela com o caldo da mão de vaca, coado, ou não. Quando começar a ferver, colocar lentamente o cuscuz e com colher de pau mexer sem parar, para não emboloar. Deixar no fogo até que adquira a consistência desejada e comece a soltar do fundo da panela. Servir bem quente como acompanhamento.

## DOBRADINHA DE MUGUNZÁ

*Ingredientes para a dobradinha de mugunzá*

mugunzá
bucho bovino
linguiça defumada
limão
vinagre
folhas de louro
alho pisado
tomatinho
coentro e cebolinha
pimentão
cebola roxa picada
cebola roxa ralada
cominho
colorau
sal e pimenta-do-reino a gosto

*Modo de preparar*

Lavar o mugunzá e colocar de molho em água suficiente para cobri-lo. Lavar o bucho em bastante água, escorrer e deixar de molho por alguns minutos em água com limão. Retirar e espremer com as mãos para tirar o excesso de líquido. Retirar a gordura natural do interior do bucho, cortá-lo em pequenas tiras e reservar. Cortar a linguiça em cubinhos e reservar. Pisar o alho e picar miudinho o tomatinho, o coentro, a cebolinha, o pimentão, a cebola e reservar. Levar ao fogo baixo uma panela grande para refogar o bucho com todos os temperos. Feito isso, retirar a panela do fogo, tampar e deixar o bucho pegar gosto. Em seguida, levar para cozinhar em pouca água e fogo baixo. Colocar o mugunzá para cozinhar em fogo baixo, em outra panela, na água em que ficou de molho, e temperar com folha de louro, pimenta-do-reino, cebola ralada e sal. Antes que o grão amoleça, colocar a linguiça, mexer e retirar do fogo sem deixar completar o cozimento. Quando o bucho estiver amolecido adicionar o mugunzá para, juntos, finalizar o cozimento que deverá ficar "ao dente". Se necessário, aumentar o caldo, colocar um pouco de água quente e mexer, antes de retirar do fogo. Prato único. Servir o caldo como aperitivo.

## CUSCUZ ENSOPADO

*Ingredientes*

um cuscuz de água e sal

leite de coco

açúcar a gosto

pitada de sal

*Modo de preparar*

Preparar um cuscuz (receita anterior) e colocar em uma tigela. Raspar o coco, aquecer e tirar o leite grosso. Colocar um pouco de água quente no bagaço do coco, espremer, tirar o leite fino, juntá-lo ao leite grosso, adoçar a gosto, acrescentar a pitada de sal e despejar no cuscuz. Servir quente ou em temperatura ambiente. O leite de coco pode ser substituído pelo de vaca ou de cabra, mas cada um impregna a marca do seu próprio sabor.

## SOPA DE MILHO VERDE

*Ingredientes*

espigas de milho verde
água
manteiga
cebola picada
alho amassado
sal
coentro e cebolina

*Modo de preparar*

Cortar o milho rente ao sabugo. Moer os grãos e passar em peneira fina; colocar um pouco d'água no resíduo, espremer e reservar o creme. Dourar na manteiga, em fogo baixo, o alho e a cebola, juntar o creme do milho e o sal. Mexer para incorporar e acrescentar água quente o tanto que baste para o cozimento na consistência desejada. Picar o coentro e a cebolinha e juntar ao caldo na hora de servir.

✻

MAL-ASSADA[13]

*Ingredientes*

ovos na quantidade desejada

farinha de milho proporcional à quantidade de ovos

coentro bem picadinho

sal a gosto

couro de toucinho de porco

*Modo de preparar a mal-assada*

Bater as claras em neve, adicionar as gemas e bater muito bem. Aos poucos, juntar a farinha de milho até obter a consistência de massa de bolo. Acrescentar o coentro e o sal. Cortar o couro do toucinho em pequenos cubos, salgar a gosto, colocar em uma frigideira em fogo médio, mexer de vez em quando, até deixar soltar toda a gordura para os torresmos ficarem bem sequinhos. Desprezar a gordura. Com a frigideira bem quente, despejar a massa, tampar até que a parte de baixo esteja assada. Destampar a frigideira, virar a massa para assar a outra face.

---

[13] Receita reproduzida do livro *Gastronomia Sertaneja - Receitas que contam histórias*. Editora Melhoramentos, 2010.

✱

ORELHA DE PAU (BOLO DE CACO, CHAPÉU DE COURO)[14]

*Ingredientes*

1 1/2 xícara (chá) de massa de milho

3 ovos

1 pitada de sal

½ xícara (chá) de açúcar

2 colheres (sopa) de farinha do reino[15]

1 colher (sobremesa) de fermento

½ xícara (chá) de leite

manteiga ou banha de porco

*Modo de preparar a orelha de pau*

Umedecer e peneirar a massa de milho previamente. Bater as claras em neve, juntar as gemas, o sal e o açúcar. Bater muito bem. Misturar a massa, a farinha do reino e o fermento peneirados. Juntar aos ovos, alternando com o leite. Esquentar em uma frigideira um pouco de manteiga ou banha de porco e colocar ½ concha da massa para fritar de cada vez. Tampar a frigideira, esperar um pouco e virar a massa para assar do lado oposto. Retirar do fogo, escorrer a gordura. Servir quente.

---

14 Receita reproduzida do livro *Gastronomia Sertaneja - Receitas que contam histórias*. Editora Melhoramentos, 2010.
15 Denominação de época para a farinha de trigo.

✵

*CURURU*[16]

*Ingredientes*

1 ¹/² xícara (chá) de massa de milho

2 colheres (sopa) de farinha do reino

2 ovos

1 pitada de sal

2 colheres (sobremesa) de fermento

½ xícara (chá) de mel de rapadura ou de engenho (em ponto grosso)

banha de porco

*Modo de preparar o cururu*

Umedecer e peneirar previamente a massa de milho. Peneirar a farinha do reino. Bater as claras em neve, colocar as gemas e o sal e bater um pouco mais. Misturar a farinha do reino, a massa de milho, o fermento e juntar aos ovos, alternando com o mel. Dar formato de bolinha ou de charuto. Em colheradas, fritar aos poucos na banha de porco bem quente. Servir quente.

---

16 Receita reproduzida do livro *Gastronomia Sertaneja – Receitas que contam histórias.* Editora Melhoramentos, 2010.

Pelo que aqui foi registrado é possível constatar que a culinária elevou o milho, no Semiárido, a uma condição ímpar: substituto da farinha de trigo (cereal que nem era plantado no Nordeste), do arroz e do feijão, como demonstram receitas do dia a dia. Embora tendo na alimentação humana regional empregos análogos ao da mandioca – alguns em comum, outros compartilhados, outros exclusivos –, o milho a ela se sobrepôs em sabores, preferências de usos e áreas cultivadas.

O milho foi alimento processado em casa numa espécie de "industrialização artesanal". Era moldado sob todos os tipos de utensílios, submetido a todas as formas de cozimento, originando pratos de sabores, cores e formas muito distintos, da espiga assada à farofa, da sopa ao doce. Para isso precisou de mãos hábeis e cabeças inventivas que somaram suas experiências alimentares de origem e criaram um rico acervo de comidas brasileiras, centrado no uso do milho.

O grão, na atualidade, de tão ultraindustrial que ficou, perdeu quase todos os processamentos artesanais que eram utilizados na preparação dos alimentos que o empregavam. Há receitas e ingredientes com milho, tradicionais do Semiárido, que devem ser mais conhecidos para que se recupere o caminho histórico que tiveram e, dessa forma, melhorar e atualizar preparações, ajustar ingredientes e explorar a quantidade de sabores e significados que lhes são inerentes. Por tudo isso o milho é, no Semiárido, a expressão alimentar de um povo cujas carências foram compensadas por trabalho, criatividade e aptidões.

Alameda nas redes sociais:
Site: www.alamedaeditorial.com.br
Facebook.com/alamedaeditorial/
Twitter.com/editoraalameda
Instagram.com/editora_alameda/

Esta obra foi impressa em São Paulo no verão de 2021. No texto foi utilizada a fonte Minion Pro em corpo 10,8 e entrelinha de 15,5 pontos.